LE
NOUVEAU PARIS

PAR LE CIT. MERCIER.

VOLUME TROISIÈME.

A PARIS, chez FUCHS, Ch. POUGENS, et Ch. Fr.
CRAMER, Libraires.

LE
NOUVEAU PARIS.

III.   A

Chapitre LXXXII.

De la race détrônée.

Est-ce bien le même individu, couronné et sacré à Rheims, monté sur une estrade, environné de tous les grands, tous à ses genoux; salué de mille acclamations, presqu'adoré comme un Dieu; dont le regard, la voix et le geste étoient autant de commandemens, rassasié de respects, d'honneurs et de jouissances, enfin séparé, pour ainsi dire, de l'espèce humaine; est-ce bien le même homme que je vois bousculé par quatre valets de bourreau, déshabillé de force, dont le tambour étouffe la voix, garotté à une planche, se dé-battant encore; et recevant si mal le coup de la guillotine, qu'il n'eut pas le col, mais l'occiput et la mâchoire horriblement coupés.

Son sang coule; les cris de joie de quatre-vingt mille hommes armés ont frappé les airs et mon oreille; ils se répètent le long des quais; je vois les écoliers des Quatre-Nations qui élèvent leurs chapeaux en l'air: son sang coule; c'est à qui y trempera le bout de son doigt, une plume, un morceau de papier; l'un le goûte, et dit: *Il est bougrement salé!* Un bourreau sur le bord de l'échafaud, vend et distribue des petits paquets de ses cheveux; on achète le cordon qui les retenoit; chacun emporte un petit fragment de ses vêtemens ou un vestige sanglant de cette scène tragique. J'ai vu défiler tout le peuple se tenant sous le bras, riant, causant familièrement, comme lorsqu'on revient d'une fête.

Aucune altération n'étoit sur les visages; et l'on a menti, lorsqu'on a im-
primé que la stupeur régnoit dans la ville.
Ce ne fut que quelques jours après que
la réflexion, et je ne sais quelle crainte
inquiète de l'avenir jetèrent des nuages
dans les sociétés particulières. Le jour
du supplice ne fit aucune impression ; les
spectacles s'ouvrirent comme de coutume ;
les cabarets, du côté de la place ensanglantée, vidèrent leurs brocs comme à
l'ordinaire; on cria les gâteaux et les
petits pâtés autour du corps décapité : il
fut mis comme un autre criminel dans
le panier d'osier, conduit au cimetière
de la Magdeleine, où il reçut une ample
dose de chaux vive qui le calcina de manière qu'il seroit impossible à tout l'or
des potentats de l'Europe, de faire la
plus petite relique de ses restes.

Ce fut le ministre de la justice qui
lui annonça et lui lut le décret de mort.
Il paroît que Louis XVI eut quelque
espoir jusqu'au dernier moment, car il

est certain qu'il s'emporta et qu'il livra une espèce de combat à ses six bourreaux ; il parla assez long-tems et assez hautement.

On prétend que ce fut le comédien Dugazon qui prévint le commandement de Santerre, et ordonna comme émané du chef le roulement de tambour. La religion semble aussi l'avoir affermi dans cet horrible passage du trône à l'échafaud ; et les paroles du confesseur furent sublimes : *Allez, fils de St. Louis, montez au ciel !*

A un certain point de vue de hauteur, les trônes ne sont que des monticules ; et la mort d'un roi sur l'échafaud, n'est point de ces événemens qui troublent l'ordre physique, ou qui puissent interrompre une des moindres lois de la Nature, encore moins la marche des choses d'ici-bas. Louis XVI pouvoit mourir d'une mort plus douloureuse encore ; mais les hommes, en renversant une idole, sont encore effrayés eux-mêmes des coups qu'ils lui portent; et nous sommes tous plus ou moins semblables au statuaire qui tomba à genoux devant son propre ouvrage.

Ce que je puis attester, c'est que cinq à six jours après le supplice, la plupart des législateurs qui avoient voté la mort, furent comme effrayés de ce qu'ils avoient fait; ils se regardoient l'un l'autre avec étonnement; ils éprouvoient une sorte de crainte intérieure, qui chez quelques-uns ressembloit au repentir. Tantôt ils recherchoient, tantôt ils évitoient ceux qui avoient été de l'avis contraire; ils n'osoient les interroger. Je me souviens très-bien qu'ils se groupoient, qu'ils se parloient entre eux, et que notre approche les embarrassoit.

Ce qu'il y a de certain, c'est qu'à cette époque, une séparation presque absolue s'établit entre ceux qui avoient ou n'avoient pas voté la mort; que les inimitiés s'enflammèrent, que les haînes s'accrûrent, que les reproches voilés ou connus prirent un caractère effrayant, et qu'enfin le supplice de Louis XVI ménaçoit tous ceux qui avoient voulu l'en préserver.

Ces menaces insolentes et téméraires firent sortir de nos bouches des vérités tardives, mais foudroyantes. Nous ne gardâmes plus de ménagemens pour des hommes nos égaux, qui osoient nous appeler des êtres pusillanimes, nous injurier, nous dévouer aux fureurs de la populace; il n'y eut plus rien de commun entre nous, parce qu'ils ne voulurent pas nous passer notre opinion.

C'est parce qu'ils avoient fait tomber la tête de Louis XVI qu'ils s'enhardirent à faire tomber sur la même place, celle de leurs collègues. Ce fut un délire de fureur, de vengeance et de rage; et je crois qu'il y entroit beaucoup plus de terreur pour eux-mêmes, que de républicanisme.

Enfin j'ai démêlé dans plusieurs un remords profond. Desacy, homme doux, probe et modeste, ayant des connoissances historiques, en est mort de chagrin. Eh! voilà les hommes! ils sont mus, entraînés à leur insçu; ils cèdent aux passions d'autrui, ils n'osent avoir leur avis; et il y en a bien peu qui sachent garder leur caractère, lorsque tout menace, frémit et s'ébranle autour d'eux.

Tous les Girondins furent affligés d'avoir usé d'une finesse inutile; ils se repentirent de la fausse route qu'ils avoient prise par leur *appel au peuple*. Ils virent que leurs adversaires se métamorphosoient en tigres pour les déchirer. Ils n'eurent pas ce courage qui va au devant des dangers, et les défie. Ils crurent aux lumières, à la sagesse de la nation, à sa force qui se réveilleroient en leur faveur. La nation indécise et se partageant elle-même sur ce grand événement, ne savoit qui condamner ou absoudre; elle abandonna également à leur propre destinée les divers partis de la Convention nationale; et elle en attendit les résultats dans une sorte d'apathie vraiment inconcevable, **et** qui lui fut funeste.

Certes la reine ne jouissoit ni de l'estime ni de l'affection publique. L'histoire récente du collier, son amour désordonné pour l'empereur son frère, sa haîne présumée pour la France, ne lui concilioient point les respects du peuple. On se rappeloit son arrivée dans les cours de Versailles, qui avoit été signalée par un grand coup de tonnerre, et trois mille infortunés étouffés à la place de Louis XV au milieu des réjouissances de son mariage, à cette même place qu'elle devoit elle-même ensanglanter; l'acte de comédienne trop répété, celui de montrer son fils au peuple, d'en faire son égide, de le traiter comme son roi : ce mouvement emprunté de nos tragédies, devint ridicule, sur-tout depuis qu'après ses manières, sa pétulance, ses courses nocturnes, elle eut fourni des armes à la médisance ou à la calomnie, et qu'on se fut accoutumé à regarder le petit prince comme le fruit de ses débauches. On ne parloit que de ses déréglemens: ils furent tels, vrais ou supposés, que ce ne fut qu'à cette époque que l'on parla publiquement d'un vice presque inconnu, qui n'avoit point de nom dans notre langue, et dont pour comble d'horreur son exemple sembloit éteindre le scandale.

L'histoire dira ce qui précipita le supplice de la reine; je n'en connois point les détails: mais je suis autorisé à croire que les auteurs de la mort de Louis XVI, menacés dans leur existence, réagirent avec audace, et voulurent faire croire à leurs ennemis qu'ils n'avoient pas peur, et qu'ils pouvoient les braver. La peur a joué un si grand rôle dans notre révolution, son autel fut si large, qu'on attribua souvent à la politique, à l'ambition, à des vues profondes ce qui ne fut fait que pour étourdir un adversaire, et le frapper lui-même de crainte et de terreur; et ce qui sert à le prouver, c'est que la sœur du roi, qui n'avoit d'autre crime que celui de sa naissance (pour parler le langage du tems), ne fut pas épargnée, et qu'il est impossible d'imaginer aujourd'hui quels purent être les motifs d'une pareille exécution.

Braver les têtes couronnées, les humilier, rendre toute reconciliation impossible, attacher la nation entière à la révolution en l'attachant à ses excès : voilà quel fut le but de ceux qui voulurent gouverner. Ce qui sauva la fille du roi, idolâtrée de son père qu'elle vit aller à l'échafaud (tandis qu'elle ignora long-tems que sa mère avoit eu le même sort), ce fut moins sa jeunesse que l'espérance confuse de Robespierre d'arriver par elle à un rang qui n'avoit point alors de nom, mais auquel lui et son parti auroient su en donner un. Le chimérique, l'incroyable, se calculoient alors comme les choses ordinaires et possibles.

Le Dauphin de France (car c'est le titre qui appartenoit jadis à l'héritier présomptif de la couronne,) avoit reçu de l'Assemblée nationale constituante, qui détermina le sort du trône, le titre de prince royal. Il étoit prisonnier au Temple; et là sa mère reprenant l'ancienne étiquette de la cour, et relisant Suétone, affectoit de traiter cet enfant avec tout le respect dû à un monarque. Il étoit considéré comme Louis XVII dans sa famille au cachot (pauvre orgueil humain!), tandis que les révoltés de la Vendée le proclamoient sous cette qualité, et que tous leurs actes se faisoient en son nom. Cet enfant avoit six ans et quelques mois quand les portes du Temple s'ouvrirent pour le recevoir; elles s'étoient refermées sur lui pour jamais. La Commune lui avoit donné pour gouverneur, instituteur et précepteur, un savetier nommé *Simon :* tout son soin étoit de lui désapprendre à être roi, ou à faire le roi. Il lui apprenoit à jurer, à maudire son père, à traiter sa mère de P***, à chanter la *Carmagnole* et à crier vive les sans-culottes! et ce qui prouve les progrès de cette neuve éducation, c'est le rôle qu'on fit jouer à cet enfant dans le procès de sa mère. Il fut dressé procès - verbal de ses déclarations, (procès - verbal monstrueux! Mais qu'y avoit-il d'inconcevable dans ce tems - là ?) d'où il paroissoit résulter.... je frissonne en écrivant ces lignes.... que Marie - Antoinette avoit essayé de tirer de son fils des ressources que le libertinage ne lui faisoit pas trouver dans sa prison. A cette épouvantable imputation, Marie-Antoinette répondit en mère outragée ces mots pleins d'une noble fierté : *Cela n'est point ; et j'interpelle ici toutes les mères présentes ; qu'elles disent si cela est possible ;* et la douleur la suffoqua.

L'enfant devint comme hébété et mourut au Temple des suites d'une humeur scrophuleuse qui l'étouffa. Il ne fut point empoisonné. Lié d'amitié depuis trente - cinq ans avec le chirurgien qui fit l'ouverture du corps et dressa procès-verbal, j'atteste que c'est l'homme

du monde le plus incapable de signer
autre chose que la vérité.

Les deux frères de Louis XVI auroient mis leurs têtes sous le rasoir national (pour me servir du terme plaisant
que l'on donnoit à l'horrible instrument
du supplice), sans leur prudente et heureuse fuite. Leur nièce ne fut conservée
que pour servir d'échange aux quatre députés que la basse trahison de l'infâme
Dumouriez avoit livrés à l'ennemi; et la
tête de Drouet en danger faisoit respecter
celle de la princesse autrichienne; on ne
lui donnoit pas d'autre nom.

La reine ne perdit point la veille ni
le jour de son supplice, la passion et
l'instinct d'une femme : elle repassa
soigneusement son bonnet, fit sa toilette
avec le même goût, et dans un genre de
simplicité. Elle disoit, sur son lit de
sangle, aux gendarmes qui n'étoient séparés d'elle que par un paravant : *Croyez-
vous que le peuple me laissera aller à
l'échafaud, sans me mettre en pièces?*

et le gendarme répondoit : *Vous parvien-
drez à l'échafaud, Madame, sans qu'il
vous soit fait aucun mal.* Elle n'eut
point de voiture; elle fut conduite en
charrette, comme l'épouse de Roland;
elle n'eut point son stoïcisme. Le peuple
la vit passer avec une indifférence qui
tenoit beaucoup du mépris, et que sa
conduite avoit inspirée. Lorsqu'elle fut
en face du *Palais royal*, elle ne put
dompter un signe d'indignation : c'étoit
de ce palais qu'étoit sorti son épouvantable revers. Elle tomba évanouie sur
l'échafaud; tous les spectateurs furent
aussi tranquilles que si c'eût été une
victime ordinaire. Il n'y eut ni propos
insultans, ni outrages, ni larmes, ni
regrets.

On dit qu'un poëte Russe fait des tragédies sur tous ces personnages détrônés :
c'est ainsi qu'il faut trois mille ans, ou
une grande distance de lieues pour agrandir et pathétiser ce qui de près et sous

nos yeux n'inspira que des émotions fugitives et légères.

Mais le brillant comte d'Artois, jeune écervelé, marié à tous les plaisirs, qui pour toute littérature savoit la *Pucelle* par cœur, que dit-il, que pense-t-il de tous ces revers ? Lorsqu'il étoit abandonné à toutes les voluptés, et que la royauté ne sembloit être faite que pour protéger ses goûts et les payer, soupçonnoit-il, comme on dit, son étoile ? Se souvient-il du jour où il tournoit tout Paris à cheval, pour visiter les portes par où les troupes devoient entrer pour saccager la ville ? A-t-il oublié le moment où les gardes françaises ne sembloient attendre pour mettre bas les armes, que l'ordre qu'il leur donna de faire feu sur le peuple ? Tant il étoit estimé et chéri !

Qu'a-t-il fait au-delà du Rhin ? de quelle gloire s'est-il couvert ? qu'a-t-il fait pour toute cette aristocratie dont il est le digne chef ? Quel dédommagement offre-t-il aux émigrés ? Est-ce d'après son plan qu'on envoya à la destruction la meilleure partie d'un corps qui vint dernièrement se faire fusiller à Quiberon, d'un côté par les Français qui défendoient leur République, et de l'autre par les Anglois eux-mêmes qui venoient de vomir ces émigrés sur la côte.

La principale cause de la ruine de la cour, ce fut sans doute ce comte d'Artois : sa fierté déplaisoit à tout le monde. Il avoit introduit en France toutes ces manies angloises qui avoient métamorphosé nos princes en autant de Jokeis ; ses prodigalités encourageoient celles de la reine ; on blâmoit leurs liaisons ; et leurs dilapidations communes faisoient dire que le trésor public étoit au pillage. En effet, les revenus du comte d'Artois ne suffisant point à ses dépenses, le roi avoit plusieurs fois payé ses dettes, toujours renouvelées, et il en restoit encore plusieurs millions à son départ. Mais il est à remarquer que *Monsieur*, qui étoit aussi économe que son frère étoit prodigue, se faisoit toujours donner pour ajouter à son trésor, l'équivalent de ce que Mr. d'Artois recevoit pour alimenter ses créanciers.

Les vieilles tantes du roi comme animées d'un esprit de devination, insistèrent tant pour sortir de France, qu'elles y parvinrent enfin. Arrêtées à quelques lieues de Paris, elles surent franchir le pas. Il est très-vraisemblable que le plan de décampement ayant été arrêté pour toute la famille royale, elles n'avoient fait que prendre les devants. Elles allèrent donc à Rome, trouver le pape et l'abbé Maury, le grand inventeur de l'émigration. Mais voici que les troupes françaises au moment que j'écris entrent à Rome comme de plein pied, que nos soldats plantent le drapeau tricolor sur les murs du Capitole, et qu'ils disent aux ombres de Caton, de Brutus et de Pompée : *Ré-jouissez - vous, votre République est ressuscitée.*

On n'a pas fait assez d'attention dans le tems à la mort de Choiseul, lorsqu'il alloit rentrer dans le ministère, ou plutôt être le seul ministre. Cet événement priva la caste vampirique d'un protecteur ardent et adroit ; il eût soutenu l'aristocratie : et si les nobles ont osé menacer nos frontières, s'unir à Léopold et à François II, s'armer contre la patrie d'un fer sacrilége, lever des troupes, traiter avec des puissances étrangères, donner à un de leurs complices le titre de *Régent du Royaume*, que n'eussent-ils pas fait, ayant pour roi un Choiseul qui leur auroit soumis le monarque.

Il faut l'avouer, Versailles qui vouloit faire contrepoids, étoit devenu le jouet de Paris ; mais l'imagination aura peine à se figurer la gaité folle, la turbulence, l'ivresse bouffonne du Parisien allant chercher à la cour le *boulanger*, la *boulangère* et le *petit Mitron ;* c'étoit ainsi qu'il appeloit la famille royale. Deux cent mille hommes sur les routes, riant, hurlant, dansant, vociférant, disant *on l'amène ;* chaque soldat tenant sous le bras une fille publique ; les harangères assises sur les canons, d'autres mettant sur leurs têtes les bonnets de grenadiers ; les tonneaux de vin près les barils de poudre ; des branches verdoyantes dans le canon des fusils ; l'allégresse, les cris, les clameurs, l'image des anciennes saturnales, rien ne sauroit peindre ce cortége qui entraînoit le monarque. Jamais *soliveau* ne fut balotté dans le marais des grenouilles de telle manière : les nobles cachés dans la foule, animoient ce tumulte, et jouissoient de la confusion du chef qu'ils comptoient bientôt remplacer.

Il en fut de même lorsqu'on le ramena de Varennes ; on eût dit que c'étoit l'institution d'une fête annuelle pour se réjouir aux dépens de la cour. Le Parisien selon sa propre expression, se faisoit une farce de ces jours tumultueux, où l'extrême licence avoit un tel caractère d'originalité et de folie, qu'on auroit eu peine à lui trouver un nom.

On eût dit du roi de la Bazoche que l'on promenoit, que l'on environnoit, au lieu du descendant de Louis XIV ; tous les esprits étoient désanchantés, et comme il n'y avoit plus la moindre ombre de respect, ce n'étoit qu'une orgie journellement plaisante au milieu des événemens politiques les plus graves. Terrible gaîté du Parisien ! vous êtes plus dangereuse que ses fureurs.

La familiarité populacière qui embrassa le *boulanger* et le *petit mitron*, fit plus encore pour la révolution, que les piques, les faulx, et les croissans emmanchés au bout des longs bâtons.

Aristote a défini l'homme un animal risible, mais on ne peut pas imaginer à quel point il l'est et peut le devenir, si l'on n'a point vu ces scènes facétieuses, ces imaginations burlesques, ces fantasques délires de l'extravagance, qui annonçoient un peuple subitement licencié, et voulant réparer dans un jour la pénible contrainte où il avoit gémi pendant plusieurs siècles : et l'on peut m'en croire ; tous les spectateurs, comme assistant à une nouveauté inouie, partageoient la bruyante allégresse de la multitude, et ses marottes. Momus agitoit donc tous ses grelots dans cette immense ville ? On donne dans les spectacles la farce après la tragédie ; mais ici c'étoit la farce qui précédoit les scènes tragiques.

Ainsi la chûte de la famille royale fut amenée par une foule d'accessoires, aujourd'hui oubliés, mais qui diront a l'historien que les plus grandes catastrophes ne s'opèrent pas d'un seul coup et brusquement.

Quelle époque en résulte pour les races futures! Nos armes victorieuses ressuscitent la république romaine; les tantes du roi, qui s'étoient réfugiées près du Vatican comme dans un lieu sûr et tranquille, sont obligées de fuir; la coalition des rois est punie dans l'idole papale; elle perd son trône qui contrastoit si ridiculement avec celui des Césars; l'ancien distributeur de couronnes n'a plus de couronne : ce jongleur révéré, que la crédulité et la superstition encensoient, moteur des troubles de l'Univers, qui divisoit à la fois les empires et les familles, auteur de tant de maux commis au nom de la religion, tour à tour perfide, cruel, astucieux; ennemi éternel des lumières, impertinent vendeur d'indulgences, le pape voit le mépris dissoudre sa puissance : ses cardinaux sont les premiers à chanter l'hymne qui célèbre Rome rendue à son antique liberté.

Sortez de vos tombeaux, grands hommes qui avez fait la gloire du Capitole; ce sont les Français qui rétablissent les consuls; ils régénèrent les peuples qui veulent être leurs amis; et par-tout où l'humanité reclamera la destruction du pouvoir royal, de ce pouvoir monstrueux qui offense la dignité de l'homme, partout elle trouvera des armées de citoyens français qui enorgueillis de ce titre, s'empresseront de l'aider à fonder ou à redresser les autels de la liberté.

Le destin de la cour de Rome sera celui de toutes les cours despotiques; et les soldats des autres nations, dès qu'il s'agira d'abandonner ces orgueilleux potentats qui règnent par les crimes, joueront tous le rôle des *soldats du pape*.

Chapitre LXXXIII.

Bals à la Victime.

Vingt-trois théâtres, dix-huit cents bals ouverts tous les jours; voilà ce qui compose les amusemens du soir.

Ici des lustres embrâsés réflettent leur éclat sur des beautés coîffées à la Cléopâtre, à la Diane, à la Psyché. Là une lampe fumeuse éclaire des blanchisseuses qui dansent en sabots avec leurs muscadins au bruit d'une vieille nazillarde. Je ne sais si ces premières danseuses chérissent beaucoup les formes républicaines des gouvernemens de la Grèce, mais elles ont modelé la forme de leur parure sur celle d'Aspasie; les bras nuds, le sein découvert, les pieds chaussés avec des sandales, les cheveux tournés en nattes autour de leurs têtes, c'est devant des bustes antiques; que les coïffeurs à la mode achèvent leur ouvrage.

Devinez où sont les poches de ces danseuses; elles n'en ont point; elles enfoncent leur éventail dans leur ceinture; elles logent dans leur sein une mince bourse de maroquin où flottent quelques louis; quant à l'ignoble mouchoir, il est dans la poche d'un courtisan à qui on s'adresse lorsqu'on en a besoin.

Il y a long-tems que la chemise est bannie; car elle ne sert qu'à gâter les contours de la nature: d'ailleurs c'est un attirail incommode; et le corset en tricot de soie couleur de chair, qui colle sur la taille, ne laisse plus deviner, mais apercevoir tous les charmes secrets. Voilà ce qu'on appelle être vêtue *à la sauvage :* et les femmes s'habilloient ainsi pendant un hyver rigoureux, en dépit des frimats et de la neige.

Et tandis que cent tables offrent des arbres ployant sous les fruits de toutes les saisons, fruits en glace, tandis que des fontaines versent en abondance l'orgeat, la limonade, les liqueurs des îles, le pauvre rentier, passant auprès de tout ce luxe asiatique, vend pièce à pièce d'abord ses meubles d'agrément, puis ensuite ses meubles nécessaires.

Qui l'eût dit, en voyant ces salons resplendissant de lumières, et ces femmes aux pieds nuds, dont tous les doigts étoient parés avec des diamans, que l'on sortoit du règne de la terreur ? Tant de milliers d'hommes dévorés par lui, ne laissent aucunes traces ; et si des regrets pour le régime ancien se font entendre, ils sont devenus si usés, et l'aristocratie est descendue si bas, que l'on ne porte plus de ces éventails adroitement semés de fleurs de lys, ni de ces bonbonnières mystérieuses où un secret découvroit habilement les enseignes proscrites de la royauté. On ne parle plus même que

comme d'un amusement bisarre des *bals
à la victime*, que je ne dois pas passer
sous silence.

Croira-t-on dans la postérité que des
personnes dont les parens étoient morts
sur l'échafaud, avoient institué, non
des jours d'affliction solemnelle et communes, où rassemblées en habits de deuil,
elles auroient témoigné leur douleur sur
des pertes aussi cruelles, aussi récentes,
mais bien des jours de danses où il s'a-
gissoit de valser, de boire et de manger
à cœur-joie. Pour être admis au festin,
et à la danse, il falloit exhiber un cer-
tificat comme quoi l'on avoit perdu un
père, une mère, un mari, une femme,
un frère ou une sœur sous le fer de la
Guillotine. La mort des collatéraux ne
donnoit pas le droit d'assister à une pareille fête. Est-ce la danse des morts
de Holbein qui avoit inspiré une pareille
idée? Pourquoi, au milieu du bruit des
violons, ne fit-on pas danser un spectre
sans tête?

Vains efforts de l'aristocratie pour former de nouveaux conciliabules ! tout ce qui porte l'empreinte d'un fanatisme ou d'une cérémonie bisarre, est fait pour s'évanouir promptement.

Chapitre LXXXIV.

Bagatelle.

Ce nom rappelle la maison de plaisance du comte d'Artois qui s'est réfugié à Edinbourg dans un vieux et gothique palais, mais admirable en ce qu'on n'y peut saisir un prisonnier pour dettes ; et le ci-devant prince s'y est confiné pour éviter les poursuites de ses créanciers.

C'est une spéculation que de louer une maison lorsqu'elle rappelle des idées royales ; on y dresse des illuminations, on y fait jaillir de brillantes fusées, des bombes éclatantes ; tandis que l'explosion des boîtes, le fracas des palais enchantés qui s'écroulent deviennent l'image de la chûte de ces grandeurs qui au même lieu s'environnoient de tous les plaisirs, mais qui n'étoient jamais des réjouissances publiques.

Des feux d'artifice s'élancent de l'É-lisée-Bourbon ; et pour un écu on achète le privilége de fouler avec la multitude ces magnifiques jardins, où l'on n'entroit pas, lorsqu'ils n'étoient visités que par les amis, les adulateurs et les proxenètes du prince.

Ce n'est pas là une petite jouissance pour l'ennemi de l'ancien régime, pour le fier républicain et même pour le philosophe qui se souvient de l'orgueil insolent des princes, ou de leur insouciance pour le mérite et pour la vertu.

Bagatelle réveille une foule d'idées qui ne sont point à la gloire de son ancien possesseur ; mais pouvant alors disposer de quelques bénéfices, il fut chanté par l'abbé Delille, parodiste de Virgile, qui fit aussi des vers pour payer des dons qu'il avoit reçus ou qu'il sollicitoit. Poëtes, musiciens, vendeurs de son et

de fumée, non, vous ne donnez point
l'immortalité; vous consacrez seulement
quelquefois une célébrité honteuse. La
muse intéressée de l'abbé Delille a rendu
le comte d'Artois encore plus nain qu'il
ne l'étoit; l'abbé Delille l'appelle son
Maître et presqu'un second Auguste.

Chapitre LXXXV.

Assignats.

Parmi tant de choses extraordinaires, le papier-monnoie tient sans doute le premier rang. Il fut créé par le besoin; c'est ainsi que l'on jette un pont de bois sur des gouffres écumans; et comme il faut passer sur le pont tremblant, on y passe en fermant les yeux.

Jamais on ne vit une conception plus audacieuse; elle fut accompagnée de cette loi, non moins étonnante, qui fixoit le prix des denrées et des marchandises. Le *maximum* soutint l'assignat; il lui imprima la vie et le mouvement. La circulation la plus rapide s'établit: il étoit déjà calculé qu'il y avoit deux fois trop d'assignats, que l'assignat se soutenoit encore; il fallut, pour ainsi dire, pour le tuer, vouloir le tuer, et même le tuer de gaîté de cœur; il fallut une émission plus qu'extravagante, pour lui donner le trépas. Mais il conserva son caractère vivace, jusques dans son agonie.

L'assignat créa des commerçans autant qu'il y avoit d'hommes. Aucune marchandise ne fut stagnante; tous les objets eurent leur valeur; la hausse et la baisse firent dans le corps politique, ce que le mouvement de Systole et de Diastole opèrent dans le corps humain.

Et pour suivre ma première comparaison; au défaut d'un pont de pierre, le pont de bois, quoique menaçant ruine, servit à nous faire passer sur les abimes ouverts pour nous engloutir.

Singulière et étonnante expérience! on fait tout des hommes, lorsqu'on sait leur commander. Rappelons-nous que ce signe a été nécessaire dans le

tems, qu'il a confondu tous les raisonnemens timides, qu'il a fait des pro-
diges, qu'il a créé les moyens, qu'il a
multiplié les ressources, qu'il a soutenu
les armées, qu'il les a conduites mille
fois à la victoire, qu'il a fait la révolution, qu'il a conquis la liberté, et
qu'il a fondé la république: l'assignat
est donc absous. Il vivroit encore, si
l'ineptie la plus déplorable n'avoit mo-
difié stupidement cette création vigoureuse. Le *mandat* fut l'opération d'un
charlatan qui enseigneroit de quelle manière il va escamoter une boule; le
mandat détruisit le magique qui pré-
side à tout gouvernement; car c'est la
chose du monde où il y entre le plus
de ce qu'on appelle magie, pour désigner
une multitude d'effets dont la cause est
cachée et invisible. La cause une fois
connue, tout s'écroule.

J'ai regardé l'anéantissement de l'assignat comme la faute la plus désho-
norante pour la Convention, et la plus

contraire à ce système hardi et quelquefois téméraire qui lui prépara tant de triomphes. Un mépris éternel doit s'attacher à ce comité de finances qui rompit le charme, qui substitua bêtement un papier à un autre papier; ce qui étoit ordonner des maux irréparables; et ce qu'il y a de plus étonnant, c'est que la nation ait résisté à ce terrible contre-coup, et que ce passage subit du papier à l'argent n'ait pas été marqué par d'autres calamités, que la ruine de plusieurs particuliers.

L'assignat a été l'impôt que l'on refusoit au gouvernement, impôt le plus étendu que l'on puisse imaginer; il a été payé sans contrainte, sans obstacle; il a ordonné des sacrifices qui sont devenus, pour ainsi dire, volontaires; tant on s'est consolé, tant on se console au moment où j'écris, de ces pertes toutes fraîches. On est arrivé à un meilleur ordre de choses; ceux qui ont gagné se rient de ceux qui ont perdu;

et après le tirage de cette grande loterie, je crois apercevoir qu'on ne seroit pas tout à fait fâché de la voir se tirer de nouveau. Mais des coups aussi extraordinaires ne se frappent pas deux fois de suite: il faut du tems pour faire repasser les esprits dans ces jours de vertige, de force, d'illusion et de grandeur. Il faudroit retrouver ce secret de terreur qui régnoit alors. Rien ne prouve mieux, qu'en politique chaque jour a sa phisionomie; que l'on ne marche, que l'on ne peut marcher qu'avec les événemens; et comme ils ne se ressemblent jamais parfaitement entre eux, les opérations de gouvernement doivent être aussi différentes, aussi multipliées que les événemens eux-mêmes. Voilà ce qui réduit la science de la politique à des coups plus ou moins hardis, mais frappés à propos.

Je suis loin de penser que les formes de gouvernement soient indifférentes: sans doute il en est de plus analogues aux mœurs, aux habitudes d'un peuple; il en est de plus favorables au développement des facultés humaines; il en est de plus propres à conserver de la durabilité aux institutions, de la permanence aux lois, de l'action à la puissance exécutive, de la solidité à l'ensemble. Mais enfin un gouvernement est susceptible d'une infinité de modifications, et doit obéir au cours irrésistible des événemens: l'assignat l'a prouvé; et on le verra renaître sous une autre forme quand la nécessité l'exigera: attendez-vous y, générations futures. Le papier-monnoie fit naître dans tous les états un esprit de spéculation qui eut son côté comique. Des ex-religieuses trafiquoient en perruques blondes; telle autre vendoit des souliers d'hommes; une vendeuse d'herbes faisoit dans sa journée vingt-mille livres qu'elle recueilloit dans son porte-feuille. L'imagination s'égaroit dans les régions d'une richesse imaginaire; chacun métamorphosé en commerçant, ne parloit que par millions, et le plus mince marché sembloit être une transaction importante.

Les agioteurs de toute espèce colportoient leur échantillon de maison en maison; ils marchoient tête haute comme des capitalistes, en vous offrant des chandelles et des fichus.

Ce qu'il y eut de remarquable, c'est que l'homme d'esprit gardoit ses assignats, tandis que le sot s'en défaisoit. Le sot combinoit mieux; moins enthousiasmé de l'augmentation fictive de ses richesses, il couroit aux marchandises, il les accumuloit en se disant qu'elles auroient toujours leur prix.

Ces industrieux commerçans, ces habiles entremetteuses, tourmentés du désir de gagner, et se glissant par-tout, faisoient contraste avec ces infortunés, qui jouissant autrefois de toutes les douceurs que peuvent procurer le rang et la fortune, étoient réduits à vivre du travail de leurs mains. Une marquise se faisoit ravaudeuse, une comtesse vous vantoit

son talent pour la couture; d'autres réduites à l'aumône déguisoient leur humiliante situation en vous offrant la ressource de leurs pinceaux, de leurs
crayons, de leur piano-forte; pauvres
talents! qu'elles n'avoient acquis que
comme le complément d'une parfaite
éducation. Mais qu'elles étoient loin du
salon ou du brillant boudoir où ces talens étoient encensés! les adulateurs
n'étoient plus là: l'homme enrichi qui
payoit, leur faisoit sentir durement l'im-
perfection du portrait ou du morceau de
musique. Après avoir reçu si long-tems
les hommages de la flatterie, elles en-
tendoient les rudes expressions de la
vérité. Les unes dissimuloient leur
douleur; les autres attendoient qu'elles
fussent rentrées dans leur grenier, pour
tremper de larmes la croûte de pain
qu'elles avoient obtenue.

Un volume ne suffiroit pas pour étaler
les contrastes que la révolution a en-

fantés; et ce qu'on a vu du tems du papier - monnoie est encore tout à la fois, et plus lugubre et plus bisarre.

Voici un fait vrai et publié. Un émigré commande une planche de faux assignats à un graveur de Londres. Pendant qu'elle se fait, les assignats sont supprimés en France, et l'émigré ne veut plus payer la planche. Le graveur le traduit en justice. Le juge reconnoît d'abord que la contre-façon de nos assignats étoit une chose de droit naturel, puisque Wolff avoit même décidé qu'on pouvoit se servir d'une flèche empoisonnée pour détruire un ennemi. Ensuite il condamne l'émigré à payer le graveur. La condamnation étoit juste, mais le principe abominable. Quelle jurisprudence est donc celle de l'Angleterre, d'après cet aveu d'un juge ? Les Goths encore demi-barbares, condamnoient à mort un faux monnoyeur, et donnoient tous les droits de cité à l'esclave qui le dénonçoit; ce qui étoit alors plus précieux que la vie. Les Romains condamnoient aussi à mort pour le même fait.

Chapitre LXXXVI.

Ci-devant Académiciens.

Ils marchoient presque tous sous l'étendard de Voltaire; ils répétoient ses phrases comme celles de l'Oracle; c'étoit à qui déclameroit contre la religion chrétienne. Toutes leurs lettres finissoient comme celles du maître incrédule, par ce mot de passe: *écrásez l'infâme.* D'Alembert étoit au comble de la joie, lorsque dans de petites phrases entortillées, il avoit lancé quelques sarcasmes contre les prêtres et contre le culte. Marmontel fut presqu'un autre Calvin pour quelques chapitres de son Bélisaire. Tous les Académiciens enfin attaquoient sourdement, et le Clergé, et l'autel, et même la cour, excepté les grands seigneurs qui leur donnoient à dîner. Il n'y a point de louanges plattes que l'on n'ait prodiguées au duc de Nivernois pour ses misérables petites fables qu'il tiroit avec discrétion d'une année à l'autre; et l'on appeloit son porte-feuille un vase de parfums rares, qui ne se brûlent que dans des jours de fêtes et à certains intervalles. Jamais la bassesse inhérente au bel esprit, ne fut plus caractérisée que dans cette compagnie composée de louangeurs intrépides et de détracteurs impudens, selon les personnes, les tems et les lieux. Ils étoient à cent mille verges du génie, de l'invention et de l'éloquence; et avec leurs vers et leurs discours académiques, ils tendoient à nous faire retomber en enfance, si quelques satyriques vigoureux ne les eussent relevés du péché de vanité et de vanité honteuse, en frondant leurs absurdes prétentions. Il n'y avoit plus parmi eux un seul nom qui dépassât la stature de la médiocrité ou la stature ordinaire. Ils tombèrent (pour me servir d'une expression proverbiale) comme des capucins de cartes; sans que personne y fît la moindre attention; et j'ai obéi à la profonde conviction de leur nullité absolue, et du danger dont ils étoient pour les véritables talens, en donnant ma voix au comité d'instruction publique pour leur prompte destruction. Cette heure marqua le couchant du pédantisme et l'aurore de la liberté littéraire.

Après la révolution, ces mêmes hommes qui aiguisoient incessamment des épigrammes peureuses contre la thiare, la mître, le rabat et la calotte, s'avisèrent de nous parler de la *religion de nos pères :* écoliers de Voltaire, leur bouche familiarisée avec ses blasphèmes, parla des choses saintes, et crut pouvoir transformer la tribune en une chaire évangélique. A cette incroyable dissonnance, tout le monde se prit à rire; on ne jugea pas même que c'étoit-là hypocrisie, mais impertinence, orgueil académique mal étouffé; par une suite de cette ridicule prétention qu'on puisoit au Louvre, en s'imaginant que ce qui émanoit de-là, avoit plus de force et un plus grand poids que ce qui se disoit ailleurs.

Les ci-devant Académiciens n'ont pas manqué de dire que la ruine de l'Académie française étoit l'éclipse universelle : leur risible folie n'étoit pas de caractère à alimenter plus d'un jour la gaîté du philosophe.

Qu'est-ce donc que ce misérable esprit qui anime les trois quarts des littérateurs ? Il vit de misères, il se nourrit d'inutilités, il dispute sur des riens, il pèse des pattes de mouches, il est étranger à tout ce qui comporte quelque hauteur, quelque chose de grand ou de neuf. Il y a des hommes avec qui je voudrois que l'on n'eût jamais disputé, et auxquels on ne répondît même pas, tant ils sont modifiés pour l'erreur et pour la sottise : un ci-devant Académicien est assurément de ce nombre ; et je l'entends de l'Académie française, et de l'Académie des belles lettres.

Les Académiciens de l'Académie des sciences sont restés les mêmes, toujours utiles, toujours chers à la patrie, toujours honorés dans l'opinion publique. Seulement lorsqu'ils virent qu'ils tomboient, ils usèrent d'adresse ; ils s'accrochèrent au firmament, et sous prétexte de mesurer l'arc du méridien pour la perfection des poids et des mesures, ils conservèrent leurs pensions et traitemens. Ils mirent une haute importance à la confection du *Mètre*, *Kilomètre*, etc. Je crois en mon ame et conscience, qu'il y a là du charlatanisme ; que la base est nécessairement fautive ; qu'il ne falloit pas aller chercher si loin ce qu'on pouvoit déterminer de très-près. Je pense que le ridicule de cette vaste et coûteuse opération sera avoué et reconnu : je pense qu'il sera long, difficile, pénible, peut-être dangereux, de faire adopter toutes ces nouvelles mesures; j'ai peur que les mathématiciens, qui n'ont pas encore troublé le monde, ne le troublent enfin, et que leur tour ne soit venu. Mais la géométrie a rendu de si grands services, qu'on peut pardonner aux géomètres cette espiéglerie qui ne leur a pas été infructueuse; pourvu toutefois qu'ils ne trouvent pas mauvais que l'on aune un ruban à l'ancienne manière, et chacun selon sa guise.

Le citoyen Paucton me semble leur avoir dit des choses très-justes et très-raisonnables; et je pense que le gouvernement prenant un sage milieu, ne voudra pas faire d'une équipée géométrique un dogme politique ni une loi coercitive; ce qui seroit agir, mais non pas raisonner géométriquement.

III. D

CHAPITRE LXXXVII.

Le jour désastreux.

Il n'y a pas assez de larmes, de douleur et de repentir pour signaler le deuil de là journée du 31 Mai : qu'il soit profond, qu'il soit universel , que ses auteurs soient voués à l'exécration publique !

Jusqu'à ce jour la Convention qui a fondé là république, l'esprit de là Convention étoit excellent ; jusqu'à ce jour les anarchistes avoient été combattus, réprimés, enchaînés ; tout marchoit dans le sens de la république ; son génie présidoit à toutes les grandes entreprises ; c'est par lui que les lois ont été bonnes, que les armées ont été bonnes : et n'est-ce point dans le moment de l'établissement et du danger de la république, que la Convention conservant encore dans son sein tous les écrivains, tous les personnages qui se sont distingués par des écrits utiles à la morale et à la liberté, a créé quatorze armées pour défendre la France sur tous les points, pour attaquer, pour battre l'ennemi sur tous les points ? C'est la Convention qui dans ce moment important pour l'humanité entière, a excité l'enthousiasme de la nation, lorsqu'elle s'est levée toute entière à la voix des orateurs éloquens et des écrivains patriotiques.

Mais c'est le lendemain du 31 Mai qu'elle a perdu son courage, la sagesse de ses délibérations, et qu'opprimée, avilie et vaincue par une poignée de scélérats, on l'a vue se déchirer elle-même pour livrer aux proscriptions, aux prisons et au fer des échafauds ses membres les plus généreux, les plus purs, les plus faits pour prononcer le mot liberté.

Un crêpe ensanglanté couvre dès-lors toutes ses opérations ; elle est veuve de ses grands hommes. Elle ne reprend sa force et son caractère que lors du triomphe de Vendémiaire, lorsqu'il fallut enfin vaincre pour l'établissement de la Constitution. Et qui a fait cette sage Constitution ? Ce sont principalement les députés qui ont eu l'esprit de la révolution dès son origine, et de la Convention dès qu'elle fut assise sur des bases constitutionnelles ; eux, qui ont combattu sur la brèche jusqu'au 31 Mai, et que Dieu a fait survivre ; qui montrant les cicatrices de leurs fers, ont maintenu la dignité, la liberté et la gloire nationale, en donnant à la Constitution de l'an trois cette forme simple et vigoureuse qui étonne la pensée de l'homme, de l'homme civilisé, et lui fait remercier l'Être suprême de la nouvelle existence qu'il a reçue sous ses auspices.

Martyrs du 31 Mai, vos noms seront honorés dans la postérité la plus reculée; ceux qu'on appeloit vos complices, sont les fondateurs de la république; ils lèvent au ciel des mains pures; et après avoir conçu et réalisé toutes les idées grandes et utiles qui doivent changer et améliorer le sort de l'homme, et que reclame le genre humain; étrangers pendant leur exil ou pendant leur captivité à toutes les extravagances, à toutes les cruautés, à toutes les inepties barbares commises lorsque leur voix étoit étouffée, ils rattachent leur rentrée au jour de leur départ, et ils ont droit de dire: Tout cet intervalle est de la fange et du sang; tout cet espace de ténèbres et de crimes ne nous appartient point. Et vous, vous, qui vous dites, qui osez vous dire républicains, et qui avez vu tomber six mille têtes sans dire un seul mot, et sans avoir perdu un quart-d'heure de sommeil, montrez, montrez-nous donc l'empreinte des chaînes du 31 Mai: non, il n'y a que ceux qui la portent, qui puissent comme nous se dire innocens.

D 5

Voilà le point de vue que l'on voudroit obscurcir, et que l'historien impartial saura saisir pour bien peindre ce jour désastreux, auquel on peut appliquer ce vers de Racine.

Comment en un plomb vil, l'or pur s'est-il changé ?

Quand je dis le 31 Mai, j'y joins les jours suivans. Sans doute le peuple parisien debout étoit hors d'état de juger et ce qu'il faisoit, et ce qu'il vouloit faire; mais cette masse formidable se réunissoit dans une même idée, qui étoit de faire obéir la Convention à des chefs populaciers, lesquels changeoient de noms, mais qui avoient leurs vues soit dans leur hâine, soit dans la misérable ambition d'avoir quelques lambeaux de pouvoir pour se livrer impunément aux vols et aux brigandages.

Il est à remarquer avec quelle facilité et quelle promptitude on soulevoit et l'on armoit cette immense population. C'est sur ces bourasques d'une multitude ignorante et passionnée que tous les factieux ont fondé successivement leur empire. Les Henriot, les Rousin etc., ont eu certains jours autant et plus de soldats que n'en avoient Alexandre et César. Des bataillons entiers sortoient d'une rue, descendoient d'un carrefour: ce peuple si long-tems paisible, étoit devenu tout à coup guerrier, et ne se montroit plus qu'en armes. La disposition des esprits enfin tendoit sans cesse à se former en milices.

Le canon de Vendémiaire a corrigé les Parisiens de cette pente à des insurrections partielles; ils ont réfléchi qu'ils étoient les dupes ou les victimes de quelques meneurs, qui après les avoir précipités dans le danger, les abandonnoient avec une lâcheté vraiment académique.

Depuis ce jour, les Parisiens sont un peu sourds à la voix astucieuse ou perfide qui voudroit les faire lever; et il y a toute apparence que pour peu que le gouvernement soit ferme, ils ne s'exposeront pas à porter le fusil et la pique parmi les discussions politiques, et qu'ils ne se mêleront plus avec leurs orateurs de sections, de vouloir gouverner les gouvernans.

Les anarchistes, les Antonelle, les Robert-Lindet les appeleront des poltrons; mais eux, ils seront sages de ne plus écouter les ennemis de leur repos et de leur bonheur.

J'en reviens toujours à mon expression favorite: *Paris est la guinguette de l'Europe;* mais si l'on se bat à la guinguette, personne n'y viendra pour s'y divertir; et tous les artistes et artisans de plaisirs, de spectacle et de bonne chère, seront ruinés.

Ah! si les bons Parisiens m'eussent cru en Vendémiaire; voici le placard que je leur adressois onze jours avant la canonnade que le royalisme avoit bravée, et par laquelle il fut dissout en trente minutes:

MERCIER,

Représentant du Peuple,

aux Parisiens.

O Parisiens! permettez qu'un homme qui est né dans vos murs, qui vous aime, vous adresse aujourd'hui quelques conseils fraternels. On m'a peint à vos yeux comme un ennemi, tandis que je m'affligeois de votre conduite; que je pleurois sur vos erreurs; que je gémissois sur les maux qui vous frappent, et sur ceux plus grands encore que vous vous préparez. Je vous ai fait entendre des vérités fortes; car depuis long-tems je suis accoutumé à ne rien déguiser. J'ai combattu le despotisme dans les jours de son triomphe, dans ces jours où l'homme courageux ne pouvoit attendre pour fruit de son dévoûment que les bastilles, l'exil ou la mort. On ne m'accusera pas d'avoir encensé les grands, d'avoir négligé les intérêts du foible et de l'opprimé. Si la calomnie, la perversité parviennent encore à diriger contre moi de nouvelles persécutions, ils ne m'enlèveront pas du moins ce calme qu'inspire une bonne conscience; si mes compatriotes égarés méconnoissent mes intentions, s'ils souffrent qu'on m'outrage, qu'on me calomnie de nouveau, je me consolerai par l'idée de cet avenir où l'homme qui a rempli ses devoirs, trouvera la compensation de ses peines, et recueillera le prix de ses sacrifices.

J'ai cherché à vous éclairer sur vos fautes, sur les projets des factieux que vous écoutez trop complaisamment, et qui vous égarent. J'ai fait entendre un langage austère auquel vous n'êtes point encore accoutumés. Les flatteurs des rois en font des tyrans; les flatteurs des peuples les traînent sur les bords des abîmes, et les y précipitent presque toujours. Robespierre vous flattoit, et réfléchissez maintenant au degré d'avilissement où il vous a plongés. Les Jacobins vous flattoient, ils vous parloient sans cesse de votre suprématie, de vos vertus, en cherchant à vous associer à tous leurs crimes. Robespierre est frappé, les Jacobins n'existent plus; mais des hommes nouveaux s'élèvent contre vous, et conspirent également à votre ruine. Quels sont les hommes qui sans cesse s'agitent dans vos murs, qui escaladent les tribunes de vos assemblées? Des stipendiés de l'étranger, d'anciens valets des rois, de vils agioteurs qui cherchent à prolonger les troubles pour pouvoir continuer impunément leur brigandage; quelques ex-académiciens, hommes vains et futiles, toujours occupés d'eux-mêmes, abondans en phrases captieuses, et stériles en actes francs et légaux: après avoir été trompés, égarés tant de fois, vous souffrez qu'on vous trompe encore. O malheureux Parisiens! peut-on ne pas admirer votre stupide crédulité? ô malheureux Parisiens! peut-on ne pas gémir sur votre sort? Ceux qui vous dominoient l'année dernière sembloient vouloir détruire tous les trônes pour élever, consolider leur tyrannie: ceux qui vous égarent aujourd'hui sont les amis, les défenseurs des rois; ils cherchent à relever ce trône que vos mains ont abattu dans ces jours de gloire que vous semblez vous attacher à faire oublier.

Mais avez-vous bien réfléchi au sort affreux qui vous est préparé, s'ils pouvoient réussir? Songez que tous les rois ont une cause commune à soutenir; qu'ils forment en quelque sorte une famille séparée et ennemie de la grande famille du genre humain. Louis XVII ou XVIII ne vous pardonneroit pas d'avoir investi le palais de Louis XVI, d'avoir souffert qu'on le conduisît à l'échafaud. Vous verriez bientôt des phalanges étrangères inonder vos murs, se partager vos dépouilles, se baigner dans votre sang.

Si, comme nous l'espérons, les projets de vos ennemis et des nôtres ne s'effectuent point, votre destin deviendroit-il meilleur, si vous éloigniez par vos divisions, par vos attentats contre les Mandataires du peuple, le retour de cette paix après laquelle la France entière soupire? Eh quoi! n'avez-vous pas à redouter le juste ressentiment des départemens? Écoutez ces adresses énergiques que la Convention reçoit chaque jour: on ne vous y traite plus de braves Parisiens, de défenseurs, de soutiens de la liberté publique. Ces titres, vous les avez mérités quelques jours; mais ces jours glorieux sont passés. On ne voit plus en vous que des agitateurs turbulens, des insensés qui perorent, de vils esclaves qui cherchent un maître. Vous vous flattez peut-être que vos excès anarchiques pourroient demeurer impunis. Le 31 Mai sans doute, devoit soulever la France entière: des phalanges républicaines devoient se lever du nord au midi et venir défendre ces hommes généreux que vous abandonniez, ou que vous aidiez à opprimer. Ils ne l'ont pas fait; mais que leur inaction passée ne vous rassure pas pour l'avenir: les tems sont changés; les malheurs, les tristes leçons de l'expérience éclairent les hommes. Les habitans des départemens ont senti la faute qu'ils ont faite en laissant immoler leurs plus fermes défenseurs: cette faute, ils l'ont cruellement expiée. Ils ne s'exposeront plus, par une lâche complaisance, à des nouveaux malheurs. D'ailleurs en 93 l'opinion publique étoit paralisée; la tyrannie avoit disséminé dans tous les cantons ses nombreux émissaires; la terreur étouffoit la voix de l'homme vertueux; le crime seul pouvoit se faire entendre. Aujourd'hui les amis de la liberté peuvent lever majestueusement la tête. En éclairant leurs concitoyens, ils n'ont plus à redouter les proscriptions ou la mort. La liberté d'opinions existe ; elle existe même pour les menteurs audacieux, pour les scélérats qui vous abusent. Eh bien ! si les départemens se liguent contre vous ou vous abandonnent à vous-mêmes, quelle sera votre situation ? Songez que ce n'est point dans l'enceinte de vos murs que croissent ces moissons qui vous nourrissent, ces matières qui alimentent votre industrie ; songez que ce n'est point sur les rives de la Seine qu'abordent ces vaisseaux qui apportent à l'Europe les richesses du reste de l'univers ; songez que vous avez besoin du secours des habitans des autres cantons de la France, et qu'ils peuvent se passer de vous.

Vous avez besoin du calme, de la paix, pour rappeler parmi vous l'industrie, les arts, les sciences, que nos farouches Vandales en ont exilés. Votre cité peut encore recouvrer son ancienne splendeur : que dis-je ? elle peut acquérir un éclat bien plus solide et bien plus honorable. Jadis vous deviez la magnificence qui brilloit dans vos murailles aux vices des grands, à la corruption de la cour, et à la misère des provinces; tous les oppresseurs du peuple venoient consommer parmi vous le fruit de leurs rapines et de leurs exactions: les palais s'y élevoient aux dépens des chaumières. La liberté au contraire vous créera des aisances dont vous n'aurez point à rougir, qui ne pourront vous mériter aucuns reproches. Les départemens contribueront à votre prospérité, et vous travaillerez à la leur. Cette rivière qui traverse votre enceinte peut par des travaux, grands à la vérité mais possibles et même faciles dans un état libre, recevoir un jour ces superbes vaisseaux qui parcourent l'Océan. Vous verrez, comme par une espèce d'enchantement, les pavillons des diverses nations se déployer sous vos yeux. Ce spectacle vaudra bien sans doute celui qu'offroit jadis les chars pompeux de ces courtisans dissolus qui menaçoient d écraser les malheureux. Votre ville peut devenir le centre du plus vaste commerce et de la plus active industrie. Mais ces créations ne peuvent s'opérer qu'au sein de la paix.

Mettez donc un terme à vos dissensions; confondez l'espoir des hommes coupables qui vous égarent. Songez aux maux que vous préparez à vos enfans, à vos épouses, à vous-mêmes. Distinguez vos ennemis, écartez-les; mais sachez discerner vos amis, et vous réunir à vos frères. Ecoutez les conseils qu'un Sage de l'Orient donnoit à ses concitoyens. Deux partis étoient prêts à en venir aux mains; ses yeux se tournent sur une multitude égarée, chez qui un malheureux vertige étouffoit comme chez vous les affections les plus sacrées, les intérêts les plus chers. Il ne voit de l'un et de l'autre côté que fils, frères, parens et amis, et il les voit cependant prêts à se déchirer. Il est saisi d'attendrissement et de componction; et dans sa douleur, il s'exprime en ces termes: ô Brama! à la vue de tes enfans ainsi agités dans l'attente du combat, mes membres n'ont plus de force, mon visage pâlit, le poil se hérisse sur mon corps, et tout mon être frémit d'horreur. O mes concitoyens! vous qui êtes nés sous le même ciel, qui respirez le même air, qui vous baignez chaque jour dans les ondes salutaires du Gange, qui offrez à Brama les mêmes présens et les mêmes sacrifices, quel démon vous égare et vous divise, quel fruit attendez-vous de l'horrible discorde, de l'affreuse guerre civile? Lorsque vous verrez vos frères, vos enfans immolés, où trouverez-vous le bonheur? Est-ce sur la tombe de ceux qui vous sont les plus chers, que vous goûterez les plaisirs, les jouissances de la vie? Hélas! vous éprouverez combien on est malheureux quand on a perdu, et quand on a perdu par sa faute ceux qui pouvoient

adoucir nos maux et embellir notre prospérité; vous éprouverez combien on a de
remords quand on a travaillé à déchirer
sa patrie. Le Sage Indien ne parla point
en vain; ses concitoyens sentent leur
erreur, les armes leur tombent des mains;
les deux partis se confondent, et l'on
chasse de l'enceinte des tribus les perfides qui avoient semé le trouble.

Combien je m'estimerois heureux si
mes exhortations pouvoient produire le
même effet, si je pouvois renverser les
projets de vos ennemis et rendre leurs
efforts impuissans. N'ayez qu'un même
esprit avec vos frères des départemens;
ayez de la confiance en ceux qui cherchent à mettre un terme à vos malheurs;
ralliez-vous autour de vos législateurs,
protégez leurs délibérations, faites respecter leurs décrets: qu'ils trouvent enfin parmi vous, paix, confiance et sécurité. Faites oublier ces jours désastreux, ces jours d'opprobre où l'on traînoit sous vos yeux une foule de vic

times à l'échafaud. Soixante brigands couvroient la France de sang et de deuil; cinq cent mille hommes dans vos murs étoient témoins de leurs forfaits, et n'avoient point le courage de s'y opposer. Rappelez-vous cette brillante époque où une fédération solemnelle amena dans cette enceinte des Français de tous les points de l'empire: en approchant de vos murs, de cruels souvenirs ne déchiroient point leurs cœurs; ils n'éprouvoient que l'enthousiasme de la liberté, que la joie de se réunir à ceux qu'ils regardoient comme ses fondateurs. Aujourd'hui ils ont des frères, des pères, des amis à pleurer, et ces objets si chers ont péri sous vos yeux. Empressez-vous d'expier vos fautes et vos erreurs; soyez pour la France ce que vous étiez aux premiers jours de la révolution.

Ne dédaignez point les avis d'un homme qui ne souhaite que votre félicité, qui voudroit n'avoir point de reproches à vous faire; mais qui forcé aujourd'hui

de vous exprimer des vérités fortes, se
console par l'espoir d'avoir bientôt à se
réjouir de ses efforts. J'ai vu sans effroi
les cachots où la rage de vos tyrans m'a-
voit plongé; mais je ne puis voir sans
un sentiment non moins douloureux,
sans un sentiment de terreur, les abîmes
qui se creusent sous vos pas. Que la paix,
la concorde viennent enfin se rétablir
parmi vous. Le royaliste en frémira;
il sera forcé de fuir ou de se cacher. Au
contraire, si vos divisions continuent,
les républicains s'éloigneront de vous, et
votre cité n'offrira plus que le triste
spectacle de la misère, du désordre et de
l'anarchie.

Parisiens! le gouvernement approche,
et voilà ce que les ennemis de la patrie
voudroient éloigner, avec les beaux jours
de la paix. Fermez vos sections; mettez
un terme à l'intarissable parlage de vos
petits ambitieux qui ne veulent que des
places: le délire et la frénésie composent
les élémens de leurs discours périlleux.

Obéissez aux décrets mûris, médités, et dont la postérité admirera la sagesse. Soumettez - vous aux lois, abandonnez vos meneurs, et que l'Europe ne dise plus de vous, que vous ne voulez d'aucune espèce de gouvernement; qu'après avoir renversé la monarchie vous voulez encore détruire la république; ôtez à tous nos ennemis la joie qu'ils auroient de dire, avec quelque raison, que vous ne vous plaisez que dans les folles agitations de la démagogie.

CHAPITRE LXXXVIII.

Coupeur de tête.

Ce monstre ! je l'ai vu : il fut long-tems esclave à Maroc, dont le souverain compte au nombre de ses menus plaisirs, celui de faire sauter cinq à six têtes chaque matin avant de déjeûner. C'est-là qu'il s'est exercé par force à l'horrible métier qu'il fit ensuite par goût à Paris.

On rapporte qu'à Versailles, cet homme féroce, pour empêcher que la pluie n'enlevât le sang qui coloroit sa barbe (qu'il porta long-tems), la tenoit à l'abri sous sa rédingotte. Il disoit en revenant à Paris après la nuit du 6 Octobre 1789 : *C'étoit bien la peine de me faire aller là-bas pour deux têtes !*

Il se vantoit d'avoir arraché le cœur à *Foulon* et à *Berthier*; et prétendant avoir fait un acte de patriotisme, il vouloit demander une médaille civique à l'Assemblée nationale. On se le montroit dans les rues comme l'on montre un *Gagne-petit*.

Eh! comment a-t-on pu obéir à ces proconsuls qui fauchoient l'espèce humaine? Quelle est donc cette légion de bourreaux qui a inondé la France de sang? Il faut bien aimer les hommes pour les aimer encore. Après cela ils se sont prosternés devant le buste de *Marat*, et ont admiré la gigantomachie de *Collot*: et l'on a rencontré dans chaque ville, dans chaque bourg un *verrou-animal*, c'est-à-dire, un guichetier, des charpentiers d'échafauds, et des satellites autant que l'on en a voulu. Si la nation française n'eût pas été plongée dans un sommeil léthargique (sauf nos braves soldats), auroit-on vu tel excès de lâcheté et d'abnégation? Mais nos soldats étoient occupés à foudroyer l'Autrichien, à purger le territoire de la France.

Le coupeur de tête sortit des comités révolutionnaires, des tribunaux révolutionnaires, des clubs révolutionnaires payés à quarante sols par individus (ces imaginations de l'affreux Danton), des armées révolutionnaires: tout alors étoit révolutionnaire. L'on imprima *logique révolutionnaire*. Quelle éclipse de l'esprit humain! Où sont les principes d'une logique révolutionnaire? Comme ce langage a régné, nous devons en faire mention ici.

On appela d'abord la Guillotine le coupe-tête, cette invention qui en dispensant de se servir de la main du bourreau, a multiplié les exécutions, et a favorisé peut-être plus que tout le reste la sanguinocratie des deux épouvantables comités. Mais le terme coupe-tête n'a point prévalu.

On dit la *Guillotine;* on a dit le *règne de la Guillotine*, la *raison de la Guillotine.* Si l'on eût dit à Montesquieu que ce mot seroit placé un jour dans le dictionnaire politique de la nation française, qu'auroit-il pensé?

Chapitre LXXXIX.

Anacharsis Clootz.

Il nous étoit venu de Prusse; il s'étoit intitulé l'orateur du genre humain. Cosmopolite factice, il parloit de la république universelle; il promettoit au monde cette république universelle. Un plaisant disoit à ce sujet que le mont Athos en eût été la tribune, et les Cordilleras les gradins sur lesquels eussent été assis les représentans de l'univers. Il fit des discours plus extravagans les uns que les autres: on eût dit d'un persifflage envers le corps législatif. Mais il est à penser qu'il suivoit des leçons qui lui avoient été données, et qui tendoient à ridiculiser les idées républicaines par l'extension bisarre qu'on leur donnoit.

Au reste le citoyen Grégoire, évêque de Blois, a écrit à Don Ramon-Joseph de Arce, archevêque de Burgos, grand inquisiteur d'Espagne, qu'il eût à se convertir à l'humanité; et je suis persuadé qu'il l'a fait de bonne foi et dans la sincérité de son ame. Je ne sais s'il s'anéantira à la voix de Grégoire, ce tribunal affreux, ce trône de la cruauté et de l'intolérance, dont la base est à Madrid, et qui étend son horrible puissance à Lima, à Mexico. La république de Clootz fit sourire dans un tems où l'on étoit très-peu disposé à rire. La lettre de Grégoire frappera-t-elle l'ame du grand inquisiteur? Son ame sera-t-elle assez chrétienne pour provoquer lui-même la suppression du tribunal dont il est le chef, ainsi qu'il en est invité? C'est ce que l'avenir nous apprendra.

Anacharsis Clootz fut décapité, quoiqu'il eût suivi long-tems les étendards jacobites; et si le bon Grégoire alloit à Madrid, je ne répondrois pas qu'il ne fût point traîné dans les cachots du St.-Office; cela dépendroit des circonstances. Les auto-da-fés peuvent se rallumer encore; et plus d'un torquemada est vivant dans ce beau pays où l'ignorance, et le fanatisme auront leur dernière et invisible retraite.

République universelle! Quelle est l'acception de ce mot? Si l'on entend que l'univers entier aura les mêmes lois, il est évident que, quoique les principes de la nature et la déclaration des droits soient de tous les lieux comme de tous les tems, leur application est subordonnée à une foule de circonstances locales qui nécessitent des modifications.

Veut-on nous dire que les peuples ayant des constitutions différentes, les fonderont toutes sur les principes de l'égalité et de la liberté, et se chériront en frères? C'est le cas d'appliquer le conseil d'un ministre à l'abbé de *Saint-Pierre*. *Envoyez préalablement des missionnaires pour convertir le globe.*

Plusieurs contrées de l'Europe et de l'Amérique agrandiront bientôt le domaine de la liberté, mais quelques centaines de peuples seront encore long-tems étrangers aux vrais principes; et il est douteux qu'ils soient de sitôt adoptés par les écumeurs barbaresques, les voleurs de l'Arabie, et les Anthropophages de la mer du Sud.

Veut-on nous dire enfin que les divers états du globe formeront des alliances? Cette hypothèse ne s'applique guères qu'à ceux qui sont rapprochés par des relations commerciales. Ainsi bien du tems doit s'écouler encore, avant que les Français signent un traité avec les *Tschoudes* et les *Pepys*; et sous ces divers aspects, la *République universelle* est en politique, ce que la pierre philosophale est en physique.

CHAPITRE XC.

Grande disette.

C'est pendant l'hiver de 1794 que la disette de la viande s'est fait sentir à Paris. On vit affluer à la fois et en même tems dans les boutiques des bouchers, les femmes de ménage, les cuisinières, les domestiques etc. La livre de bœuf s'éleva tout-à-coup depuis dix-huit sols jusqu'à vingt-cinq sols. Les citoyens murmuroient et ne songeoient pas encore que la consommation de cette denrée par une armée de douze cent mille hommes, jointe à l'extrème rareté des fourages et à la guerre de la Vendée, occasionnoit ce surhaussement de prix. Depuis lors les envois de bestiaux à Paris

diminuèrent insensiblement. Les manœuvres de la malveillance en augmen-
tèrent aussi la pénurie. A cette époque,
la Commune sanguinaire fit placarder
presqu'à chaque porte de maison cet
arrêté trop mémorable qui réduisoit
chaque bouche à une livre de viande
par décade; et les membres des comités
révolutionnaires furent autant de doc-
teurs Sangrado, qui modérèrent impi-
toyablement tous les appétits. Combien de mères de famille j'ai vues pâlir,
et essuyer leurs larmes à la lecture de
ce sinistre Mandement sur le jeûne
universel! Derrière la foule des nombreux lecteurs, une marchande de choux
sa hotte sur le dos, s'écrioit d'un ton
dolent: „*Ils sont partis, les boeufs, ra-
tissons-nous les boyaux!*“ Cependant
on voyoit arriver de la province des
bandes de vaches laitières; les dévorateurs du peuple commençoient ainsi
l'exécution du pacte de famine, et ils
travailloient rapidement à anéantir la

III.   F

réproduction des espèces. Déjà les précurseurs de l'armée révolútionnaire, semblables à des loups affamés, parcouroient les campagnes, en dardant des yeux étincellans sur les fermes et les métairies. Ils s'y précipitoient armés de fourches et de bayonnettes, empoignoient les moutons, les volailles, incendioient les granges, délioient les bœufs dans les étables à la face des propriétaires, et vendoient leurs larcins à d'infâmes spéculateurs. Ces atroces brigandages firent disparoître subitement le beurre et les œufs. Dès neuf heures du matin, la Halle, jadis ce vaste et riche dépôt de toutes les productions de la nature, se trouvoit dégarnie. Bientôt il se forma de longues files de femmes qui depuis minuit, bravant l'inclémence de l'air, attendoient patiemment chacune leur tour, pour conquérir au péril de leur vie trois œufs et un quarteron de beurre. La cavalerie et la force armée des sections, détachées par les animaux ravissans des comités révolutionnaires, augmentoient le tumulte et le désordre. Que de femmes enceintes (l'on a eu depuis plus d'égard pour elles; et elles prennent leur tour avant tous les autres expectans) ont été victimes de ce malheureux tems! Que de précieux gages de l'amour conjugal ont été étouffés dans leur germe et anéantis à la source de la vie! Oh! quel homme sensible a pu voir sans pleurer de douleur, des milliers d'individus de l'un et l'autre sexe poursuivre en courant dans les avenues étroites de la Halle aux boucheries, les porteurs qui courbés sous le poids énorme de moitiés de bœufs, couroient eux-mêmes pour n'être pas assaillis par la foule qui se ruoit sur eux, et sembloit dévorer des yeux la viande crue! Quels cris déchirans se faisoient entendre de toutes parts! Le chagrin assombrissoit tous les visages; on maudissoit la vie et les exécrables inventeurs de la famine: cependant on voyoit les gendarmes faisant courir au galop leurs chevaux entre les étales qui n'ont point trois pieds de large; ils culbutoient le monde, multiplioient les accidens sous prétexte de les prévenir, et favorisoient par une astucieuse tactique les plus honteux trafics. Des scélérats aux appointemens de la Commune, faisoient ranger les femmes à la file, mais tandis qu'elles attendoient leur tour en grelotant de froid, des porte-faix formant de leurs larges épaules un rempart impénétrable devant les boutiques, enlevoient les bœufs entiers, et quand le partage du lion étoit fait, les femmes rangées deux à deux n'avoient point avancé d'un pas, et se retiroient par centaines les mains vides.

D'un autre côté l'on se jetoit sur le poisson qui se vendoit à l'enchère aux marchandes ambulantes. Ce poisson étoit corrompu; la disette du beurre en avoit suspendu le débit; la famine lui redonnant de la valeur, il causa de graves maladies.

Au quai de la vallée, on vendoit l'agneau quinze francs la livre; la vente s'en continua long-tems avec une scandaleuse profusion. Les paysans circuloient alors dans les rues avec des paniers de volailles au bras. Les Parisiens achetoient à l'envi les poules et les poulets que faute de grains mis en réquisition, il n'étoit plus possible d'élever dans les campagnes. Cette abondance factice d'une denrée qui ne fut jamais que le partage de la richesse, dura peu, et fit place uniquement aux herbages. Ce que l'on appelle légumes secs, tels que riz, lentilles, haricots, étoit amoncelé dans les magazins militaires, et l'on regardoit comme une félicité, la découverte d'un litron de cette denrée que plus d'un ménage se vit réduit à manger à l'eau pure.

A cette désolante pénurie de subsistances se joignoit la difficulté plus désolante encore d'avoir du pain. Dès deux heures du matin, les femmes se rangeoient deux à deux sur une longue ligne, que le peuple désigna depuis sous le nom de *queue*. Les jeunes filles n'étoient point les dernières à se mettre en rang. Leurs propos agaçans, leurs ris immodérés se faisoient entendre de loin, et réveillèrent plus d'un adolescent. L'obscurité de la nuit, les portes des allées entr'ouvertes à propos, favorisèrent des tête-à-têtes adroitement concertés, et la luxurieuse audace de la jeunesse qui ne sait point aimer. On voyoit aussi des hommes sexagénaires, des valets, des garçons de boutique, qui s'arrêtant sur chaque rang, faisoient le signalement des visages et choisissoient leurs dulcinées. D'autres plus déhontés, se ruoient en taureaux sur les femmes qu'ils embrassoient toutes l'une après l'autre. Rien n'étoit sacré pour leurs mains complices visibles de leurs fougeux desirs ; et voilà comme ces rapprochemens dangereux achevèrent de pervertir la morale et d'éteindre toute pudeur. Les sentimens de fraternité s'anéantirent aussi dans tous les cœurs. Chacun se fit une maxime de se préférer ouvertement à son semblable. La ruse devint une qualité commune à tous les esprits. Les derniers de la file surent se faufiler aux premiers rangs. Bientôt les femmes luttèrent de force contre les hommes. Leurs caractères s'aigrirent par la résistance des plus forts. Toutes devinrent plus irascibles; toutes contractant l'habitude de jurer, on ne distingua plus leurs voix enrouées par les cris de la colère, d'avec celle des charretiers.

Aux débats scandaleux succédoient des intervalles de silence, on entendoit alors les vagissemens des enfans, et les cris d'autres plus âgés qui demandoient du pain. Ah! que je plaindrois l'être insensible qui n'auroit pas été ému de ces cris!

A peu près dans ce même-tems, on remarqua que d'autres queues se formèrent pour l'huile, le savon et la chandelle.

Au mois de Mai il y en eut une qui commençant à la porte d'un épicier du *Petit Carreau*, s'allongeoit jusqu'à la moitié de la rue Montorgueil. Les ouvriers, l'air morne et les yeux fichés en terre, comptoient en gémissant, les heures qu'ils perdoient sans travailler.

Le renchérissement subit et excessif de la main - d'œuvre fut le fruit de la loi homicide du maximum. L'exécrable Commune avoit basé sur cette loi, son plan de famine universel ; mais pour mieux masquer son projet aux yeux du peuple crédule, elle fit, au moment de sa publication, placarder une affiche par laquelle tout marchand boucher ou épicier qui renonceroit à son commerce, seroit réputé suspect et arrêté comme tel.

Cette loi féroce aggrava le mal : tout disparut, et le marchand pour s'indemniser de ses pertes, et sur-tout des pillages de beurre, de sucre, de café, et des confiscations arbitraires des Commissaires aux accaparemens, firent colporter en cachette leurs marchandises dans les maisons des particuliers, qui les achetèrent à tout prix.

Telle fut en 1794, la situation en denrées de cette ville populeuse où règnoient jadis la paix et l'abondance, qui font chérir la patrie.

L'année 1795 ne fut pas plus heureuse que la précédente. On vit dès le commencement de l'automne s'établir à chaque coin de rue, des Mercandières qui commencèrent par vendre la livre de viande 25 sols, et qui au mois de Ventôse, en demandoient 3 livres 10 sols; encore eurent-elles le soin de la dégraisser pour faire du suif.

Des préposés de l'ancienne commission ont donné naissance à cet odieux commerce. Au moyen du droit de réquisition et dépréhension dont ils étoient investis, ils achetoient de la viande au prix du maximum, puis la revendoient aux détaillans, à un prix exorbitant.

Le même brigandage s'est observé depuis sur les autres denrées, ce qui joint à l'agiotage de l'argent, des montres et autres bijoux d'or par les courtiers *), sur le Carreau même de la Halle, contribua singulièrement au discrédit des assignats.

A tous ces malheurs le froid vint encore se joindre; depuis deux ans, la capitale se chauffoit au jour le jour. Le charbon étoit extrèmement rare; on a remarqué la singulière exactitude de n'en faire venir qu'un seul bateau à la fois dans chaque Port. Il falloit passer trois

---

*) Grand nombre de ces honnêtes sans-culottes furent arrêtés pour avoir vendu des montres de cuivre doré qu'ils négocioient comme de l'or pur.

nuits, pour obtenir son tour par numéros. Le bois s'est vendu à mesure que les débardeurs le retirèrent de l'eau. La rivière subitement enchaînée par les glaces en causa la disette totale, et l'on n'eut plus d'autre ressource que celle de couper les bois de Boulogne, Vincennes, Verrières, St.-Cloud, Meudon etc. Des sang-sues sorties de la fange des cavernes à voleurs, profitèrent du malheur public pour se gorger aussi d'or et d'argent. Ils vendirent quatre cents francs la corde de bois; et l'on vit alors des nécessiteux scier dans les rues, leurs bois de lit pour faire cuire leurs alimens, et s'empêcher de mourir de froid. Des vieillards revenoient des forêts, le dos courbé sous des fagots et rappeloient la fable de la mort et du malheureux. Les fontaines étoient gelées: les porteurs d'eau des quartiers éloignés de la rivière, forcés d'aller au loin en puiser, la firent payer quinze et même vingt sols la voie; les citoyens indignés de cet impôt, se firent tous porteurs d'eau, et lorsque les réservoirs des fontaines publiques furent dégelés, les queues s'y formèrent aussi, et l'on y disputa son tour.

Chapitre XCI.

Palais - Égalité, ci - devant Palais - Royal.

Ainsi que la corruption du plus beau fruit commence par une pourriture légère, de même le Palais - Royal est la tache qui a corrompu nos mœurs modernes, et propagé la gangrène.

Je ne traverse point ces longues galeries, sans voir l'Ombre qui, du même lieu où son aïeul avoit donné, ainsi que le dit Voltaire, le signal des voluptés, donna le signal de toutes les intrigues ambitieuses, de tous les crimes atroces, et qu'on peut regarder comme le fondateur réel des échafauds de Robespierre, et du régime sanguinaire qui a tout-àla fois opprimé et avili la nation; car sa stupeur et son silence pendant dix-huit mois de forfaits, sont, comme je l'ai dit ailleurs, plus épouvantables à la réflexion du philosophe, que la dissolution physique d'un monde.

J'y suis, sous ces arcades, serres chaudes de toutes les plantes empoisonnées qu'on a pris soin de semer dans tous les départemens : voilà le foyer des cabales et des discordes civiles! voilà le temple où l'agiotage dévore la fortune publique et condamne à la faim des familles entières, réduites au plus affreux dénuement par un trafic solemnel et meurtrier! les voilà, ces audacieux spoliateurs de nos dernières ressources! les voyez-vous marcher par bandes, la tête haute, le regard effronté, toujours cure-dent à la bouche, et la main au gousset pour faire résonner leurs louis? Ils ont le teint vermeil et le ventre rebondi : le sourire de l'ironie est sans cesse sur leurs lèvres; ils bravent le regard de l'homme de bien et les patrouilles qui les séparent sans les diviser ; ils se rejoignent en groupe comme des globules de vif-argent; ils vont, viennent, s'accostent, se divisent par pelotons qui un instant après font masse; celui qui se trouve au milieu, donne le mot d'ordre: c'est un signe, un geste, un demi-mot, qui change à toute heure, et soudain ils se passent le cours du louis, crayonné rapidement sur un chiffon de papier.

La voilà, cette armée ennemie que soudoie et qu'entretient le cabinet britannique! Les guinées ont ravagé notre papier-monnoie et ont attaqué le crédit public.

Sous le Perron de la rue Vivienne sont les brigands subalternes qui exécutent les ordres des chefs avec une ponctualité non moins étonnante que leur adresse à saisir les moindres nuances du commandement.

Leur costume est assez uniforme: c'est un bonnet de poil à queue de renard.

Hercule, le plus fort des hommes, se couvroit de la peau du lion, qui est le plus fort des animaux; ceux-ci qui sont les plus fripons et les plus rusés, s'affublent de la peau du renard, qui est le plus astucieux, le plus voleur, le plus carnacier entre les bêtes.

Ils sont en veste, ont des bottes salés, des cheveux gras; leur mine patibulaire, leur bouche livide, sardonique, leurs yeux qui attirent les porte-feuilles, sont mobiles et clignotans comme ceux des singes qui s'étudient sans cesse à voler sans être aperçus: leur langage est moqueur ou obscène.

Ils se tiennent près des tavernes qui leur servent de repaires; ils s'y enfoncent et puis reparoissent; ils vont tendre leurs filets dans des coins obscurs; puis sortent précipitamment pour donner l'éveil à leurs complices.

A la porte des spectacles, ils n'y entrent jamais; ils ne lisent pas plus les affiches qui sont sous leurs yeux, que les

arrêtés du Directoire et des autorités cons-
tituées : on diroit que les lois ne les regardent pas, tant ils sont calmes et froids
dans leur inobservance ou leur violation.

Ils boivent souvent, mais peu : la
soif de l'or tempère en eux la soif du
vin, et leur sobriété n'est pas une vertu,
mais une attention à ne point perdre de
tems.

Les femmes se mêlent parmi eux, et
font le même métier; elles y mettent
plus d'astuce encore, lisent les chiffres
beaucoup plus vîte que les hommes:
la souris qui enlève une miette de pain,
et qui se renfonce dans son trou avec
la rapidité de l'éclair, voilà leur image:
on n'a pas besoin de leur parler; elles
devinent.

Ce n'est point là que l'on vole les
porte-feuilles : on y pompe, comme par
une force attractive, ce qui est dedans,
et d'un ton si simple et si miséricor-
dieux, que ces agioteurs semblent en
vous volant, vous avoir rendu un service.

III.   **G**

Reportez vos pas sous les galeries qui conduisent au théâtre de la république, vous apercevez à la suite l'une de l'autre, des boutiques de filles qui tiennent des déjeûners et des soupers froids : là on entre, là on sort sans dire mot ; on est servi en montrant l'assignat. Des courtiers, des maquignons, des coureurs de vente fument, ruminent, boivent dans ces antres silencieux : personne n'y parle, et les plus grandes orgies y sont, pour ainsi dire, muettes.

Des ruisseaux d'urine coulent auprès ; les avenues sont ténébreuses et froides ; le libertinage y a pris je ne sais quelle forme glacée, qui paroît avoir son code et ses motifs.

Non loin (et dès qu'on aperçoit un peu de jour), des garçons perruquiers donnent des espèces de leçons publiques, et enseignent à leurs maîtresses à creper des perruques de femmes. A côté d'une poupée coiffée en cheveux d'or , pendent des andouilles et des jambons.

Tout à côté, des milliers de bouteilles de vins fins , de liqueurs de la Martinique, exposées sur des gradins, présentent aux regards des passans l'orgueilleuse étiquette. Au moment que je parle, deux cents bouteilles posées sur une planche mal affermie, sont tombées sur d'autres bouteilles, et le vin du Cap a mêlé ses flots à ceux de la crème des Barbades. Le sol profondement impreigné, a chassé à cent pas à la ronde la mauvaise odeur du lieu.

Tel qui buvoit jadis modestement de la tisanne, quoique agioteur secondaire, avale aujourd'hui et ne savoure que le Champagne et les autres vins délicieux sortis de la cave des émigrés, et qu'ils ne boiront plus.

Les morceaux fins, les pâtés de perdrix, les cerises au petit panier, les pois dans leur primeur, les hures de sanglier, voilà les bons morceaux des marchands d'argent, des brocanteurs, qui dans un espace de six cents pieds carrés, trouvent leur table, leur promenade, leur domicile, leur jouissance, leur fortune, et l'aliment éternel de leur travail monstrueux.

Le cours du louis, dont ils sont les maîtres, se trouve enregistré d'heure en heure sur la couverture des pâtés. Vous avez lu 1000 livres; vous repassez, l'étiquette vous offre 1500 liv.

Les boutiques de bijoutiers, toujours nombreuses, sont resplendissantes, comme s'il n'y avoit ni misère ni infortunés. On ne voit que des chaînes de montres, moitié perles, moitié diamans, qui pendent parmi les montres à quantième. Ceux qui n'ont tout juste que pour acheter un pain, regardent ces bijoux précieux, qui ne sont séparés de leurs mains que par un verre transparent, et ce fragile rempart est religieusement respecté.

Les marchands de draps font des-
cendre du plancher au sol de la boutique, toutes les étoffes ondulées, qui
contrastent avec les mises ignobles et
sales des passans: on diroit que ces
marchandises ne sont plus pour les
Français, et qu'on va les embarquer
pour la Turquie. On les contemple à
peu près du même œil que les tableaux du Muséum. Ces étoffes sont
sous votre main, vous pouvez les toucher; personne ne semble les garder,
et les maîtres sont dédaigneux lorsqu'il
s'agit de vendre.

Des boutiques plus resserrées, mais
non moins riches, vous offrent des
superfluités brillantes: ce sont des bagues qui sont à deux faces; c'est une
fleur de Souci ou une Pensée, ou un
amour qui tient un fil, un oiseau qui
vole; ce sont des firmamens de pierres
étoilées, des présens d'amitié; des
boucles d'oreilles en fleurs, en phili-
gramme; des boîtes d'or, des étuis d'or,

des médaillons d'or, beaucoup de gla-
ciers d'argent avec leurs cuillers; des
coupes d'argent de forme antique, avec
leurs manches en ébène.

Et tout en admirant cette riche clin-
caillerie qui annonce que l'or existe encore et n'est point totalement disparu
(car les trois quarts et demi de la cité
pourroient en avoir perdu le souvenir),
l'odeur des ragoûts exquis monte en va-
peur légère au travers des soupiraux; les
buffets sont chargés de fruits, de confi-
tures, de pâtisseries, et l'on dîne-là à
toute heure, de même qu'à la cour des
potentats allemands, au son des instrumens et des cors-de-chasse, embouchés
par des filles qui ne sont pas des nymphes de Diane.

Des tripots de jeu soutiennent des
boutiques de filles qui vendent des modes,
des jarretières, des houpes, de l'eau de
lavande, des cadenettes, de la cire à ca-
cheter: à côté, un libraire où l'aristocrate chagrin, le frondeur de constitution

recommence journellement ses éternelles lamentations. Les plus énormes sottises se débitent au milieu des livres qui ont préparé la révolution, et à côté des ouvrages qui maintiennent la liberté; mais le libraire, malgré son avarice, ne vend ceux-ci qu'à regret.

Les anti-républicains y déclament sans cesse contre ce qui s'est fait et ce qui se fera. La république ne les aperçoit pas, et marche au milieu de ses triomphes *).

Que d'appâts sans cesse tendus à l'adolescence, à l'homme blasé!

---

*) Les représentans du peuple sont condamnés aux outrages, aux calomnies des journalistes; ainsi que les anglois se sont condamnés aux voleurs de grands chemins; le tout pour éviter un plus grand danger; la licence de la presse prouve sa liberté.

Je suis brave, dira quelqu'un; j'affronte les poignards: ce n'est pas assez, il faut savoir braver la calomnie.

Les tableaux sortis des cabinets curieux, les gravures libertines, les romans érotiques, servent d'enseignes à une foule de prostituées logées aux mansardes. Leurs filets sont à dix pieds de la jeunesse ambulante, oisive et déjà desséchée dans sa fleur.

Je n'ai voulu peindre que les galeries. Au-dessus des boutiques et des mansardes, sont les académies de jeu, où toutes les passions et les tourmens de l'enfer sont rassemblés.

Presque tous les mouvemens qui ont troublé Paris, ont pris leur origine dans les réduits du Palais-Égalité. C'est dans ce lieu infernal que les plus grands ennemis de la France ont ourdi leurs trames; et un foyer d'impureté tel que celui-ci, s'il devoit subsister long-tems, suffiroit à miner la République la plus robuste. Le génie républicain ne pourra s'asseoir un jour que sur ses ruines, c'est-à-dire, lorsqu'il sera transformé en un édifice nouveau et utile à la chose publique.

Ce Palais a ses phases et non moins changeantes que celles de la lune. Dès que le jour tombe, toutes les arcades s'illuminent subitement, les boutiques deviennent resplendissantes, et les bocaux des joualliers jettent au loin une grande clarté. La foule devient plus nombreuse, et sort du jardin du commerce, car on pourroit ainsi l'appeler.

C'est l'instant où les académies de jeu s'ouvrent malgré toute la sévérité des lois de la police, et tandis que les grands escrocs taillent dans les sallons, les petits travaillent dans les fréquens passages qui communiquent dans les rues adjacentes, et qui servent d'échapatoires aux filous et aux agioteurs qui abondent.

Autrefois c'étoit l'instant où les étrangers et les curieux alloient admirer dans les appartemens secrets du duc d'Orléans, les figures obscènes de l'Arétin exécutées en cire, grandeur de nature; c'étoit l'instant où le jeune homme abandonné à lui-même, alloit repaître ses yeux du spectacle de ce prétendu sauvage qui s'accouploit publiquement avec une femme de son espèce, à vingt-quatre sols par tête: et cet homme infâme, on le mit dans la même prison où étoient trente-deux représentans du peuple! Là je l'ai vu! Il en fut quitte pour quelques jours de captivité. Vos pas, sous les arcades, sont arrêtés par une fumée qui vous prend aux jambes: vous regardez; c'est la flamme de la cuisine des restaurateurs; et tout à côté, des bals commençent dans les grottes souterraines. On aperçoit à travers les soupiraux, les rondes de filles qui sautent, qui ricannent, qui se ruent sur leurs cavaliers comme des bacchantes, les cheveux épars. Là sont les groupes d'escompteurs de mandats, et qui grossissent insensiblement. Entre un *mayolet* en rédingotte bleue, chapeau rond à poil, bottes cirées, son cure-dent à la bouche; il dit à demi-voix, *cinq et demi;* on lui balbutie deux mots; le groupe s'ouvre, il sort; il a gagné vingt mille francs; toutes les filles le suivent, le tutoyent, folâtrent avec lui; il les claquette sur la croupe ou les pince légèrement; il s'envole, on ne le voit plus.

Cependant dans les salles de vente, le Stentor a donné le signal. Les courtiers, les brocanteurs, les revendeuses à la toilette sont assis. On y vend à l'enchère les perruques de femmes, les pendules en lyre, les shals, les mouchoirs, les chemises, les lits à la duchesse. Un crieur promène sur des tables quadrangulaires, chacun de ces objets devant les enchérisseurs. Il s'égosille, il boit, il s'est formé une voix qui tient le milieu entre la voix humaine et le mugissement du taureau; les manœuvres des vendeurs sont telles qu'ils vous livrent toujours la marchandise la plus détériorée; les brocanteurs font payer plus cher tous ceux qui ne sont pas de leur clique.

Les espions rodent dans les cafés du second ordre, on n'y politique plus; on y boit silencieusement de la bierre comme les Flamands dans leurs estaminettes. Le goût de l'eau-de-vie, chez plusieurs, a remplacé le vin; la godaillerie assise qui boit au double et qui s'incommode, reproduit quelques tableaux de Van-Ostade; on se porte aux lieux où l'on boit, et ces guinguettes sans air, sont l'endroit où j'ai eu plus de douleur à rencontrer l'homme qui s'y abrutit.

S'il existe sous les passages des trous de boutiques où des filles attirent par des œillades les passans, si l'on n'y voit que quelques rangées de paquets de poudre entremêlés de bocaux remplis de houpes ou de cure-dents, et si dans d'autres boutiques de même espèce, qui ne sont guères plus richement fournies, on ne trouve d'autres marchandises que celles peintes sur l'enseigne, ou bien les hardes de ces demoiselles suspendues intérieurement par manière d'étalage, ces lieux sont au sérail, ce que les gargottes sont au restaurateur Méot. Il est de vastes sallons, rendez-vous assidus de tous les hommes nouveaux engraissés de rapines, des fournisseurs des armées, des faiseurs d'affaires, des administrateurs de tontines ou de loteries, des professeurs de vols nocturnes, enfin des agioteurs en chef. Là, vous êtes servis au simple coup-d'œil. Le plat se porte sur la table en même tems qu'il est demandé; et comme tous ceux qui mangent sont cousus d'or, ils y mangent et y sont servis en rois, en princes, en ambassadeurs, en financiers.

Là, des cabinets particuliers s'offrent tout à la fois à la gourmandise et à la luxure. Les glaces qui les décorent, multiplient aux regards d'un vieux satyre les appas de sa maîtresse, et tous les siéges y sont élastiques. Enfin il est un sallon particulier où l'on boit les liqueurs les plus fraîches, et l'encens s'échappe en petits filets nuageux des cassolettes.

Là, on dîne à l'orientale; mais l'avare n'y entre jamais. Ces plaisirs ne sont que pour le prodigue; mais il y retrouve certains jours toute la pompe et la bizarrerie du repas de Trimalcion. A un certain signal le plafond s'entrouvre, et du ciel descendent des chars attelés de colombes et guidés par des Venus; tantôt c'est l'Aurore, tantôt c'est Diane qui vient chercher son cher Endymion. Toutes sont vêtues en déesses. Les amateurs choisissent, et les divinités, non de l'Olympe mais du plafond, s'unissent aux mortels. Il fut un tems où le massage des Egyptiens y avoit lieu. On étoit massé par des mains féminines dans une étuve de vin; mais cet acte salutaire à la santé, et qui favorisoit une utile transpiration, a cessé, quoiqu'il appartin également à la propreté et à la volupté.

Vous pensez bien que ceux qui sortent de-là, sont étrangement scandalisés d'entendre retentir à leurs oreilles, le Postillon de Calais, le Messager du soir, le Miroir; ils s'embarrassent bien de la *lettre de Polichinelle*, de la *Constitution en vaudevilles*, de la *Pétition des galopins des deux Conseils*. Les satyres contre le gouvernement leur sont aussi indifférentes que tous les éloges qu'on en pourroit faire. Leurs dîners fins valent mieux que ceux des Directeurs. Ils sont étrangers à tout ce qui se passe hors du cercle de leurs plaisirs; tous les débats politiques n'attirent pas plus leur attention, que les découvertes de Lavoisier n'attirent l'attention des mauvais poëtes. S'ils entrent dans une boutique, ce n'est pas dans celle du libraire qui vit de pamphlets royalistes; ils entrent chez les marchands d'estampes, chez le bottier, le confiseur, qui sont porte à porte, ou chez les bijoutiers, dont les devants de boutique sont tout brillans d'or et de diamans, de tabatières, de bagues énigmatiques. Leurs laquais oisifs s'enfoncent chez les vendeurs de sauissons, de pâtés, ou font quelques spéculations grossières sur les prétendus vins de cinquante-deux sortes: mais ces laquais ont beau vouloir imiter leurs maîtres, jamais ils ne feront, même en petit, ce que les agioteurs font en grand et avec des monosyllabes magiques.

Tel est le cloaque infect placé au milieu de la grande cité, qui menaceroit la société entière d'avilissement et de pourriture, si les scandales qu'il offre n'étoient pas ressorrés dans un point.

La contagion funeste des jeux, les excès de la cupidité sous toutes ses formes, la licence des mœurs et des artistes ne s'étendent point au reste de la ville; et c'est une chose digne de remarque, que plusieurs quartiers semblent comme épurés par tous les vices qui bouillonnent au centre. Ce que j'y ai remarqué de plus affligeant que le libertinage qui tient à la chaleur du jeune âge; c'est que le blasphème et le cynisme sont dans toutes les bouches et à tous les instans, qu'on s'en est fait un stile, et qu'on n'y prend plus garde.

Mais c'est un grand scandale dans notre siècle, que ce langage brutal et dépravé qui a gagné presque tous les états, et qui depuis l'époque de la révolution, s'est fait un jeu des paroles les plus sacrées, et qu'on ne prononçoit autrefois qu'avec respect. Le saint nom de Dieu est employé à tous propos, non par impiété, mais par manque de décence et de gravité.

C'est peut-être pour avoir profané la langue, que nous avons perdu une partie de nos vertus; mais ce qu'il y a de plus déplorable, c'est de rencontrer presque par-tout des troupes d'enfans sans règle et sans pudeur, qui jurent, blasphèment et scandalisent les oreilles chastes ou pieuses. Il est tems qu'on renouvelle le respect qui est dû à l'Être suprême. Autrefois on faisoit percer la langue à des blasphémateurs. Les vices brutaux ne sont pas aussi dangereux que les vices polis; mais l'enceinte du Palais-Égalité a le triste privilége de rassembler les uns et les autres.

On ne lisoit pas à Sodôme et à Gomorrhe les livres que l'on imprime et que l'on vend publiquement au Palais-Égalité. *Justine, ou les Malheurs de la vertu* est étalé sur des planches. Mettez une plume dans la griffe de Satan ou du mauvais génie ennemi de l'homme, il ne pourra faire pis. Vingt autres productions, moins abominables il est vrai, car celle dont je parle a remporté le prix de la turpitude et du vice, sont-là pour achever de décomposer ce qui restoit de morale par instinct, dans le cœur de quelques jeunes gens.

Et les vendeurs et les acheteurs s'autorisent de ces mots qui nous ont tant trompés: Liberté, liberté illimitée de la presse.

Dans le coin de cette boutique, en-
tendez-vous ce qui se dit? On fait, à
la lettre, des vœux pour l'armée de
l'Empereur. Elle va repasser le Rhin,
reprendre en passant la Belgique et
le Luxembourg, et se rabattant sur la
Lorraine, la Flandre et l'Alsace, ré-
duire la France au Nord, aux limites
existantes du tems des Valois. La
femme, la fille, la tante et la cousine
du libraire ne doutent point de la victoire des trois rois coalisés, laquelle
doit leur donner pour leur déjeûner
du café, du sucre et de la canelle à
très-bon marché. On pleure la mort
de Charrette, et l'on attend tout du courage de Richer-Sérisi et de la plume
de Babœuf.

Peu importe aux oisifs que Pitt ait
voulu faire de la France une seconde
Pologne. Il n'y a plus de liberté dès
qu'on ne peut plus assassiner la représentation nationale; et puisqu'il y a eu
révolution, pourquoi n'y auroit-il pas

contre-révolution jusqu'à l'entier rétablissement de la sainte démagogie?

Dans presque toutes les maisons se font des métiers qui n'ont pas de nom. L'analyse chymique ne parviendroit pas à décomposer les élémens divers de ces nouveaux trafics. L'esprit de l'homme est surprenant lorsque l'intérêt pécuniaire devient la base de ses pensées et de ses actions. Il y a véritablement de quoi sourire de cette ingéniosité mercantille. La tête de l'homme avide calcule tout à la fois le tems, l'échange, les variations, et asservit, pour ainsi dire, le hazard d'une manière également hardie et précipitée.

Oh! que de talens perdus, lorsqu'ils s'exercent sur des intérêts particuliers!

Une observation que j'ai faite, c'est qu'en me promenant sous ces arcades populeuses, j'ai été frappé de la ressemblance de plusieurs physionomies qui m'étoient connues et que j'avois vues dans mes voyages. Je croyois voir reparoître des personnes décédées.

Existe-t-il entre les hommes une force attractive ou simpathique qui vous reproduit les physionomies qui vous ont attaché le plus pendant le cours de votre vie? Ou est-ce le produit d'une imagination qui ne se détache point de certains objets?

Il en résulte du moins qu'il y a des traits de famille imperceptibles, mais qui se lisent sur tous les visages, et si un jour l'on classoit les individus ressemblans, s'ils conversoient entre eux, ils découvriroient peut-être qu'ils appartiennent à une seule et même souche.

Alors on remarqueroit une sorte de concordance dans le son de la voix; un rapport dans le geste; des tics semblables, soit dans le clignotement des paupières, soit dans le mouvement des lèvres, soit dans le parler par rapport aux vibrations de la langue contre le palais, soit dans la conformation du nez, dans le port de la tête, dans l'attitude, dans la vitesse ou la lenteur du marcher.

Si, dis-je, on s'avisoit de réunir ou de grouper des individus ayant ces signes caractéristiques de ressemblance, et s'il s'ouvroit entre eux une conversation soutenue, n'en verroit-on pas jaillir d'heureuses reconnoissances, et n'aideroient-elles pas du moins à retrouver les anneaux séparés des familles?

Et c'est pour moi un grand plaisir que de me dire: Voilà la ressemblance parfaite de tel que j'ai vu en Suisse. Voilà une tête qui est décrite dans Lavater. Cette femme me rappelle celle qui dansoit en Allemagne, et qui me tint stupéfait pendant deux heures. Voilà la laideur aimable de ma Bernoise. Celle-ci doit avoir infiniment d'esprit, car elle ressemble à ma causeuse de Moitié-travers. Ces figures qui passent sont toutes génevoises, et à quatre pas voilà un basque.

Mais ce que je désirois, le voilà sous mes yeux, c'est le physionotrace, cette

invention charmante qui offre aux curieux l'assemblage le plus varié et le plus
nombreux des portraits des deux sexes.
Je m'y attache en rêvant; et pendant
ce tems la foule me coudoye, elle me
meurtrit le dos.— Je me retourne et je
classe tous ces individus dans des familles auxquelles j'ai donné des noms
qui ne sont connus que de moi. C'est
un nez d'une certaine tournure, et je me
dis: Son parent est à Spire. Cette demoiselle passe, et je me dis: Elle ne sait
point que sa sœur est à Lucerne.

J'aurois fait un assez bon espion au
moral; mais cette manière d'observer a
un côté fàcheux; c'est qu'elle vous donne
des simpathies et des antipathies trop
promptes, trop rapides, et qui vous ex-
poseroient à de faux jugemens. Heureu-
sement que ces impressions passent;
mais pour peu que la passion s'empare
de vous, elles reprennent le dessus.

Si l'étude des physionomies sous les
longs promenoirs du Palais-Égalité a

son charme, elle vous dispose en même tems à une certaine misanthropie: car que de physionomies défigurées, et sur lesquelles l'origine céleste est presque totalement effacée! O douleur! la vraie physionomie de l'homme a fait place à des figures d'ogres et d'ogresses qui semblent prêts les uns à s'assommer, les autres à se percer, presque tous à se dévorer. L'accord majestueux qui règne sur le front de cette mère de famille allaitant ses enfans dans les plaines du Palatinat est remplacé ici par une femme d'une taille avantageuse, il est vrai, mais son œil hardi s'élève contourné, et sa nudité indécente a fait tomber toute la beauté du modèle.

Il ne faut pas être un déchiffreur d'hyérogliphes, pour deviner le but et l'emploi de toutes ces effigies grotesques dont les traits, l'attitude, le costume rappellent moins l'idée d'hommes sagement occupés, que de Saltimbanques. Celle-ci s'est chargée d'attributs baroques, comme si elle avoit peur qu'on ne devinât point ce qu'elle est.

Je ne passe point près de ces autres figures sans me rappeler Briarée aux cent mains. Je mets les miennes sur mes poches.

L'on croit que ce bâtiment construit d'une manière hâtive n'est pas fait pour durer long-tems. Des réparations de toute espèce sont commandées par la nécessité, et les eaux, dit-on, minent cet édifice. Frêles mortels, il n'y a chez vous sur la terre, que l'extravagance qui soit impérissable! Son palais même qu'on a percé et repercé dans ses diffé-rens parois n'a pas la même solidité qu'ont nos folies; il tombera, ce palais, et nos vices subsisteront peut-être encore.

Au milieu de ces arcades, au centre du jardin, est le Licée des arts. Il semble absoudre l'édifice de tout ce qu'on peut lui reprocher. Des assemblées décentes, des lectures utiles, le plus grand zèle pour l'avancement des sciences et des arts, des professeurs véritablement animés de l'amour du bien public; une foule de découvertes utiles ont été promulguées, encouragées et récompensées en ce local : et, c'est de-là qu'on pourroit dire d'après Molière : Où la vertu va-t-elle se nicher! Encore si le ferment corrupteur avoit pu se concentrer dans ce local! Mais non; il s'est répandu et a infecté une grande partie des environs.

Oh! quel méprisable rôle jouera dans l'histoire le peuple de Paris! C'est lui qui a prêté une force immense au parti de Marat et de Robespierre, et de la Commune rebelle; c'est lui qui a environné les échafauds avec les démonstrations d'une joie féroce; c'est lui qui est venu attaquer plusieurs fois la représentation nationale; c'est lui qui s'est rallié pour l'assassiner le treize Vendémiaire, et qui se récria beaucoup sur sa non-complaisance à se laisser égorger; c'est lui qui a cru que ce dépôt sacré lui appartenoit, et qui l'a couvert d'outrages et d'humi-

liations ; c'est lui qui dans son ignorance profonde, a toujours parlé de ce
qu'il n'entendoit pas, c'est lui qui a
toujours été prêt à suivre l'étendard de
la révolte, et qui stupidement passif
devant des massacres journaliers, ne s'en
vautroit pas moins le soir, dans les tavernes et les lieux de prostitution.

Indifférent à la gloire de nos armes,
apprenant nos triomphes sans enthousiasme, comme étranger à la guerre et à
la gloire nationale, il répéte sans cesse
les mêmes calomnies; il a perdu ses anciennes graces, sans acquérir aucune vi-
gueur; il est devenu bassement cupide,
sans être plus économe. Les grandes
scènes de la révolution n'ont pu agrandir son entendement toujours étroit,
toujours borné. Il se nourrit dans ses
maisons des fables les plus impertinentes.
Il est devenu si ridicule dans ses raisonnemens que pour le punir, il ne faut
que le laisser parler, et il excite alors la
pitié. Ingrat envers ses bienfaiteurs, il

croit que le gouvernement n'est que pour le point qu'il habite, et que la république n'existe que dès qu'il lui plaît d'en adopter le nom. Jouet de tous les scélérats qui ont voulu se jouer de lui, il n'y a qu'une voix qu'il n'écoute pas, celle de l'homme de bien ou de l'homme sensé.

C'est sur cette masse combustible que le cabinet britannique avoit fondé ses plus grandes espérances. Nos ennemis avoient dit : Remuons ce peuple indocile, inepte et féroce, et nous en obtiendrons les plus grands succès. En effet, le poignard vingt fois levé par lui sur la représentation nationale, a failli accomplir le plus grand des attentats ; il a tué FÉRAUD, et promené sa tête dans la salle des représentans du Peuple. La Convention a dû sa conservation, non au petit nombre de ses assassins, mais à leur profonde lâcheté. L'Angleterre y perdit ses guinées, et s'est aperçue trop tard qué parmi les brigands européens, il y avoit plusieurs classes, et que les habitans de Paris, la plupart il est vrai la lie des départemens, étoient les plus mauvais comme les plus poltrons de tous. Aussi ce n'est que dans Paris que l'on a vu les clubistes à quarante sols, et les sectionnaires qui vouloient égorger le gouvernement pour le salut public. Apôtres de Marat, ou partisans de Capet, les uns plaçoient la restauration des choses dans le régime de Robespierre, et les autres dans la contre-révolution.

C'est enfin au Palais-Égalité que les chefs de ces deux factions tiennent leurs assises ; et s'ils avoient pu s'accorder, ç'en auroit été fait de la république.

Le tems passé corrompt encore le tems présent. On y parle comme font les royalistes à Londres, et les partisans de l'anarchie à Rome ; on suppose des revers, on dissout nos armées, on appelle la destruction du gouvernement, et c'est un jeu pour les gens à affaires, pour les agioteurs. Les journaux les plus audacieusement imposteurs, en accréditant tout ce qui peut donner de l'inquiétude aux bons citoyens, se font un métier de tromper les hommes crédules.

Voyez comme ils stipulent déjà pour les Anglois; comme ils parlementent en leur faveur; comme ils déclament plus haut qu'eux, pour que nos victoires soient atténuées à notre détriment. Ils n'ont pas la pudeur de voiler leur tiédeur pour leur pays; et c'est à nos rivaux éternellement jaloux de notre puissance, qu'ils prêtent des argumens, en ne craignant pas de nous proposer les plus lâches sacrifices. Il faut que la paix nous fasse encore plus de mal que ne nous en a fait la guerre; il faut abandonner nos conquêtes, parce que le sang des Anglois est trop précieux pour que nous osions encore le répandre. Qu'est-ce que tout le sang français versé? Il n'y a ni dédommagemens ni indemnités à prétendre. Cette guerre terrible doit aboutir pour le vainqueur à des bassesses, à des prières :

il doit oublier qu'on a voulu lui ravir son indépendance; et l'enthousiasme de nos soldats, l'amour sacré de la patrie, doivent fléchir devant les intérêts du négociateur Anglois, qui nous accordera la paix en obéissant aux principes d'humanité, que nous offenserions en nous précautionnant contre le plus implacable ennemi de notre nation, et celui dont les ressentimens ont duré des siècles.

Tous ces folliculaires font de la morale quand il s'agit de contrarier le gouvernement: ils parlent d'humanité, pour que toutes les chances restent favorables à l'Angleterre: ils parlent de restitution pour que tous les avantages passent dans le cabinet de St.-James. Celui de Vienne ne leur est pas moins cher, c'est à qui exagérera sa prépondérance. Sont-ils payés? sont-ils insensés? Non; ils ont un besoin secret de fatiguer le gouvernement; ils ont l'espérance de le dissoudre, et aucun d'eux ne daigne apercevoir quels seroient les terribles résultats de cette dissolution. Si nous étions vaincus, alors ils ne voudroient plus de la paix, parce que dans leur haîne aveugle contre le gouvernement, peu leur importe la dignité de la république française. Nous sommes vainqueurs, il faut accorder à notre dangereuse rivale ce qu'elle n'exigeroit peut-être pas si elle avoit entamé notre territoire.

L'ame partagée entre l'étonnement et l'indignation, ne sait ce que c'est que cette nouvelle race d'écrivains qui favorisent de leurs plumes les puissances étrangères, et qui appellent sur leur patrie le malheur et la honte; le tout, pour le triomphe de leur diplomatie.

Ils feront désormais la paix ou la guerre; ils dicteront le traité de paix; ils le joueront à croix ou à pile.

Chapitre XCII.

Les Bals d'hiver.

Aux bals de printems et d'été, à ces bals déjà très-nombreux, ont succédé rapidement ceux d'hiver. C'est une autre teinte, mais il n'y a point eu d'interruption pour ces plaisirs: par-tout des salles de danse; car hélas! ce qui favorise l'oisiveté parmi nous; l'oisiveté qui ronge le Parisien, (fainéant de son naturel) l'oisiveté qui le tuera avec ses dix-neuf spectacles journaliers; le règne de l'oisiveté, dis-je, est aussi continu dans la grande cité, que la basse fondamentale d'un orchestre d'opéra,

III.   I

Après l'argent, la danse est aujourd'hui tout ce que le Parisien aime, chérit ou plutôt ce qu'il idolâtre.

Chaque classe a sa société dansante, et du petit au grand, c'est-à-dire, du riche au pauvre, tout danse; c'est une fureur, un goût universel. Ils dansent, les Parisiens, ou pour mieux dire, ils tourbillonnent; car rien de plus difficile pour eux que d'obéir à la mesure, et rien de plus rare parmi eux qu'une oreille musicale!

Sous le règne de la terreur, les Parisiens cois et tremblans, et n'osant pas même alors faire un *journal*, ni arrêter une *charrette*, s'enfonçoient dans les spectacles ou dans les clubs, et ne dansoient que dans les fêtes publiques, et quelquefois autour des échafauds : tout-à-coup tous les murs se sont couverts d'affiches nombreuses en stile presqu'académique, annonçant des bals de toutes couleurs, et quelques-uns à si bon marché, que la servante peut y atteindre.

Pas une fillette qui ne trouve un galant pour la conduire à ces écoles de turbulence et de séduction. Un jeune homme refuse-t-il de les mener au bal, ou ne danse-t-il pas assez assidûment avec elles, elles l'éconduisent promptement et lui vouent une haîne féminine, c'est-à-dire, déguisée.

On danse *aux Carmes* où l'on égorgeoit; on danse *au Noviciat des Jésuites;* on danse *au Couvent des Carmélites du Marais;* on danse *au Séminaire Saint-Sulpice;* on danse *aux Filles de Sainte-Marie;* on danse dans trois églises ruinées de ma section, et sur le pavé de toutes les tombes que l'on n'a point encore enlevées: le nom des morts est sous les pieds des danseurs qui ne l'aperçoivent pas, et qui oublient qu'ils foulent des sépulcres.

On danse encore dans chaque guinguette des boulevards, aux Champs-
Élysées, le long des ports. On danse
dans tous les cabarets où se réfugie
l'infanterie de l'agiot, qui après avoir
trompé tout le jour les malheureux particuliers, fait encore là *échec et mat* à
la fortune publique. Enfin on danse
chez tous les professeurs de rigaudons,
qui s'appellent artistes, à l'exemple des
histrions.

Il y a pourtant cette différence entre
eux et les professeurs modernes *d'entendement humain*, qu'ils n'ont jamais
cherché à savoir si quand l'homme
dansoit, son ame étoit alors dans son
talon ou dans sa glande pinéale.

On réveille la nuit les ménétriers.
On frappe, on sonne, on crie à leur
porte, ainsi que l'on fait chez les ac-
coucheurs dans les cas pressans. Eh!
vîte! levez-vous! accourez! on vous
attend. Le ménétrier se frotte les yeux,
jure. *Quel chien de métier!* dit-il; il se

lève, il gronde, il s'habille; il va gagner six écus de six livres, sans compter trois bouteilles de vin dont il ne laissera pas une goutte.

Tous les joueurs de violon sont retenus trois semaines à l'avance; ils gagnent d'autant plus d'argent qu'ils vont long-tems. Aller long-tems; voilà le mérite par excellence; il faut aller toute une nuit, et que le poignet soit infatigable. Comment le violon a-t-il prévalu? Je ne sais pourquoi; mais il est couru, ce ménétrier, pourvu qu'il sache tenir l'archet jusqu'à quatre heures du matin; et c'est-là le fort du métier, que dis-je? de l'art! Le ménétrier enfin doit être fort du poignet; du bras! faire vibrer la corde.

Il est si important qu'il y a promesse, engagement par écrit: car l'on ne badine pas avec l'administrateur d'un bal! Le parjure violon qui manqueroit à sa parole, qui tromperoit l'attente d'une *société* dansante, seroit plus en horreur que *Marat*, *Drouet* et *Baboeuf*, et de plus seroit cité devant le *Juge-de-paix*.

Il danse, le peuple souverain, il danse tous les jours ! Il n'est donc pas déjà si mécontent ? Et dans chacun de ces bals si renommés, il y a des salles de jeu, puis des buffets de rafraîchissemens, des illuminations d'un côté, de l'autre des parties ombreuses, des demi-jours favorables, enfin des ténèbres visibles, qui ne sont pas celles de Milton.

C'est à qui s'étudiera à tuer cinq à six heures en se mettant en branle. Mais dans le stile des beaux bals, on y ressuscite le ton noble des anciens paladins, c'est le *cavalier* et la *dame* : tandis que dans les bals du peuple on dit : Le citoyen et la citoyenne. On conçoit bien que les annonces pour les bals des élégantissimes ne sauroient être rédigées que suivant l'idiôme aristocratique : c'est tout simple ; et nos *inconcevables*, et nos *merveilleuses* ne sauroient entrer dans un bal de citoyens. Fi ! cela sentiroit la république :

et il est convenu et chez la femme du notaire et chez celle de l'épicier, que c'étoit-là un mot qu'on ne pouvoit entendre: une république danse-t-elle? On a vu un roi danser: Louis XIV, Louis XV, et les bals de la cour, qui les remplacera? Qui remplacera le menuet de la cour, où la danseuse archi-princesse tournoit le derrière à son danseur archi-prince pour présenter le devant au roi de France? Oh! que cela étoit majestueux!

Mais les deux cents bals et les bals de *Ruggieri*, de *Lucquet*, de *Mauduit*, de *Wenzel*, de *Montansier*, tous les bals de société, même les plus élégans, quoique pleins, s'effacent comme des grate-culs devant les roses, à l'aspect du bal de l'*hôtel Richelieu*, qui rassemble un monde, un monde incomparable. C'est l'arche des robes transparentes, des chapeaux surchargés de dentelles, d'or, de diamans, de gaze, et des mentons embeguinés! Son entrée n'est permise qu'à une certaine aisance. Dans ce lieu enchanté cent déesses parfumées d'essences, couronnées de roses, flottent dans des robes athéniennes, exercent et poursuivent tour à tour les regards de nos incroyables à cheveux ébouriffés, à souliers à la turque, et ressemblans d'une manière si frappante à cette piquante et neuve gravure qui porte leurs noms, que je ne saurois en vérité la regarder comme une caricature.

Là, les femmes sont nymphes, sultanes, sauvages ; tantôt Minerve ou Junon, tantôt Diane ou bien Eucharis. Toutes les femmes sont en blanc, et le blanc sied à toutes les femmes. Leur gorge est nue, leurs bras sont nuds.

Les hommes par contraste sont trop négligés. Ils rappellent quelquefois à ma vue ces laquais qui, dans l'ancien régime, dansoient au sallon une fois l'année, le jour du mardi-gras à minuit, vingt minutes avant le coucher des maîtres. Ils dansent d'un air froid,

morose: on diroit qu'ils rêvent à la politique; ils ne rêvent à rien, ou bien ils
font des plans d'agiot.

Les femmes sont plus décidément au
plaisir de la danse, mais sans trop d'a-
bandon. Si l'on entend quelques paroles,
elles sont rares, et ne sortent que de la
bouche du *rigaudonier*, despote armé de
son archet, qui affecte la gronderie et la
mauvaise humeur, qui régente tous les
distraits, au milieu de deux cents femmes
dont la danse silencieuse est certes une
singulière exception chez les Français.
Elles se recueillent véritablement pour
préciser davantage leurs mouvemens
divers *).

---

*) Ce que j'ai vu de plus majestueux dans ma vie,
de plus gravement solemnel, de plus grandement
ridicule, c'est le *menuet français*, dansé devant
le roi de France: on n'entendoit presque pas
le pas des danseurs: un silence..... On ne peut
rendre ce recueillement respectueux; j'en appelle
aux témoins qui ne sont pas tous guillotinés.
Pauvres humains!

Ce qu'il y a de singulier, c'est que les spectateurs soient, pour ainsi dire, mêlés avec les danseurs, et qu'ils forment comme des noyaux entre les différentes contre-danses, sans néanmoins les gêner. Il est rare en effet qu'une danseuse éprouve le moindre choc. Son joli pied tombe à un pouce du mien ; elle s'élance, c'est un éclair : mais bientôt la mesure la rappelle au point d'où elle est partie. Semblable à une comète brillante, elle parcourt son ellipse en tourbillonnant sur elle-même, comme par un double effet de gravitation et d'attraction. Je m'avancerois encore un peu au-devant d'elle, sans craindre de toucher autre chose que son vêtement : j'ai senti presque son souffle, et sans l'effleurer.

Chacun est immobile sous le vent des danseurs ; et les femmes, que l'on juge à haute voix, passent et repassent avec vélocité, comme indifférentes aux éloges ; mais leur oreille n'a rien perdu de tout ce qui s'est dit sur leur compte. Leurs yeux qui semblent invariablement fixés sur leurs danseurs, ne s'échappent sur le cercle qu'avec une telle rapidité, qu'il faut étudier avec attention ce mouvement pour le saisir; et cependant elles ont tout vu.

Plus loin, ce sont des courtisanes en groupes séparés. Là, le mouvement est encore plus rapide : étincelantes de diamans, elles en agitent toutes les aigrettes aux lumières. Elles mettent dans leur danse une expression plus caractérisée : on voit bien qu'elles craignent de paroître trop lascives; mais le regard, le regard qui ne ment jamais, les décèle. Elles ne peuvent, et ne pourront jamais imiter les gestes, les repos voluptueux, mais décens, des autres femmes. Aussi les discours autour d'elles acquièrent-ils une sorte de licence qui n'existe point à trente pas de distance de ces groupes : ceux-ci, je vous l'atteste, ont payé un plus large tribut au parfumeur.

Tout-à-coup, à un certain signal, tous ces groupes se divisent; les banquettes vides sont à l'instant occupées et uniquement par les femmes. Quelle nouveauté annonce ce dérangement? C'est un concert qui commence. Alors les femmes, que retenoit en dansant le desir de la supériorité sur leurs rivales, et l'attention qu'exigeoient les figures variées et multipliées des contre-danses, commencent à parler. Les hommes debout les dominent et les observent. Elles semblent s'être placées là pour recueillir les hommages dus à leur légèreté. On distingue celles qui ont mis des bagues aux doigts de leurs pieds, celles qui portent un vêtement étroit, couleur de chair, et si étroit, qu'on peut gager qu'il n'y a pas de chemise sur la peau.

Un bourdonnement confus étouffe le concert; les sarcasmes, qui ont remplacé parmi nous l'ingénieuse épigramme, circulent. On maudit tout haut le gouvernement, lorsqu'il est doux et humain, et l'on respectoit le gouvernement tyrannique et sanguinaire. Les silences alors ne sont observés que quand *Rhodes* s'efforce de tirer de son violon des sons aussi attendrissans que ceux d'Orphée; mais ce n'est pas encore *Viotti*. Les palissades rangées autour de chaque banquette (je veux dire les hommes, autant vaut), les palissades, dis-je, se livrent alors à mille déclamations contre tous les gouvernans; ils tâchent de déchaîner contre eux la défaveur, le mépris et le plus souvent la haine publique. La région du bal devient l'antre de la calomnie; mais plus insolente que malicieuse, elle dégénère en platitudes, en torrent d'invectives grossières, et bientôt elle éloigne même jusqu'au curieux. L'un dit à son voisin : Toutes ces femmes que tu vois — Eh bien? — Elles sont entretenues par des députés. — Tu crois? — Celle-ci aux yeux vifs, à la taille svelte; c'est la maîtresse de *Raffron*. Cette demoiselle, la gorge nue et couverte diamans, c'est la sœur de *Guyomard:* on a payé sa dernière motion avec les bijoux de la couronne. — Cette belle blonde élancée, c'est la fille cadette d'*Iznard*, qui a mis de côté cent mille écus pour sa dot: on la marie demain. Il n'y a pas, vois-tu, un membre du corps législatif qui n'ait ici deux ou trois femmes, dont chacune des robes coûte à la république une partie de ses domaines.

Le concert est fini: commencent les soupers, où les femmes, qui n'ont plus la gêne des corps et des corsets qui les serroient autrefois à outrance, peuvent manger à satiété; elles s'en acquittent très - bien. Elles dévorent les dindes aux truffes, et les pâtés d'anchois: elles mangent pour le rentier, pour le soldat, pour le commis, pour chaque employé de la république; et tout en dévorant, elles disent un mal affreux de la république. Il n'y a rien d'horrible comme le régime actuel; si elles dansent, c'est

pour le faire enrager; car elles ont oui
dire que les deux conseils n'aimoient point
les danses. Elles ajoutent qu'il n'y aura
que le bal qui ne périra point en France.
Tous les *écrouelleux* qui cachent leur
menton dans leurs cravates, s'écrient:
paole victimée, cela ne peut pas durer.
Cependant les femmes qui maudissent
cet épouvantable régime républicain, sont
filles, sœurs, femmes de fournisseurs
de la république: elles ne cessent de
dévorer; elles ne boivent plus de vin, à
cause de la foiblesse de leurs nerfs; mais
elles avalent le Kirschwasser, le ma-
rasquin et toutes les liqueurs des Isles.

Autrefois les femmes dans les bals,
prenoient des rafraîchissemens, et tout
au plus quelques biscuits dans un peu de
vin. La gourmandise aujourd'hui les
domine, et je ne cesse d'admirer leur
contenance ferme à table, et avec quelles
grâces franches elles satisfont leur
strident appétit. Les perdrix froides
font deux bouchées; les viandes dispa-

roissent et de grands verres d'eau rafraî-
chissent par intervalle leur palais brûlé
par le feu des liqueurs.

Bruyans plaisirs, les femmes sont
dans leur élément au milieu de votre
tumulte! Le contentement perce dans
leur maintien, malgré leur déchaînement
épouvantable contre le tems qui court:
jamais elles n'ont joui d'une telle licence
chez aucun peuple; la rudesse jacobite
expire même devant les non-cocardées.
Elles ont dansé, bu, mangé; elles ont
trompé trois ou quatre adorateurs de
secte opposée, avec une aisance et une
franchise qui feroit croire que notre
siècle n'a plus besoin de la moindre
nuance d'hypocrisie et de dissimulation,
et qu'il est au-dessous de nous de pallier
nos habitudes et nos goûts quels qu'ils
soient.

Bientôt je rentre dans le cercle, ayant
bien saturé mes regards de toutes ces
attitudes diverses, de tous les points de
vue piquans et réellement neufs, car je

suis statuaire et peintre dans mon cerveau : et voilà pourquoi il n'y a pas un seul tableau au Muséum que je ne refasse dans mon imagination. Ah ! pauvres peintres ! que vous êtes en général, froids, monotones, sans esprit, et sur-tout sans invention ! que vous êtes bien nés pour peindre des calvaires ! Ah ! malheureux peintres d'histoire ! vous avez tué l'histoire. Et votre Wateau, non, il n'a pas vu les bals, ou bien nos grand'mères étoient bien lourdes et bien gauches, en comparaison de leurs filles : il n'a rien vu, Wateau. Je compare toutes ces figures dansantes, parlantes et mangeantes à celles que j'ai rencontrées en divers pays ; et je me confirme dans l'idée que les Françaises sont de toutes les femmes, celles qui ont le plus de grâces, même dans les fonctions qui en admettent le moins, comme manger goulument, regarder hardiment, parler hautement et déclamer anti-républicainement.

III.   K

Mais aussi je ne sais si l'on a vu dans aucuns tems et dans aucuns pays, une femme, au milieu des hivers les plus rudes, sans bas, sans autre chaussure qu'une légère semelle en forme de sandale, et simplement attachée par de légers rubans, laisser voir ses doigts des pieds ornés, ou plutôt gênés par plusieurs bagues ou anneaux; et l'ostentation seule lui fait certes dissimuler la gêne qu'elle éprouve en formant les pas de danse.

Qui croiroit au milieu de ces bals que la guerre est sur nos frontières, sur les bords du Rhin, de la Sambre, de la Meuse, au-delà des monts et sur toutes les mers. Que l'Europe conjurée, soumise au fanatisme insensé, au dogme des rois, encore plus absurde que le dogme de la *présence réelle*, menace opiniâtrement la France, la République, la Constitution, Paris, les bals et même tous les danseurs: personne ne songe à ces hostilités sanglantes, à ces majestés liguées qui veulent relever la dignité de leur trône sur les cadavres Français.

Je vois même une foule de jeunes gens de 23 ans, embryon-bêto-crates, qui ont mis leurs cravattes jusqu'à leur bouche, et qui dansent plus long-tems, comme enchantés de s'être soustraits (je ne sais comment) à la réquisition.

Quel bruit se fait entendre? Quelle est cette femme que les applaudissemens précèdent? Approchons, voyons. La foule se presse autour d'elle. Est-elle nue? Je doute. Approchons de plus près; ceci mérite mes crayons: je vois. Son léger pantalon, comparable à la fameûse culotte de peau de *Monseigneur le Comte d'Artois*, que quatre grands laquais soulevoient en l'air pour le faire tomber dans le vêtement, de manière qu'il ne formât aucun pli; le quel ainsi emboîté tout le jour, il falloit déculotter le soir, en le soulevant de la même manière et encore avec plus d'efforts; le pantalon féminin, dis-je, très-serré, quoique de soie, surpasse peut-être encore la fameuse culotte par sa collure parfaite; il est garni d'espèces de brasselets. Le juste-au-corps est échancré savamment, et sous une gaze artistement peinte, palpitent les réservoirs de la maternité. Une chemise de linon clair laisse apercevoir et les jambes et les cuisses qui sont embrassées par des cercles en or et diamantés. Une cohue de jeunes gens l'environne avec le langage d'une joie dissolue: la jeune effrontée semble ne rien entendre. Encore une hardiesse de *merveilleuse*, et l'on pourroit contempler parmi nous les antiques danses des filles de Laconie: il resté si peu à faire tomber que je ne sais si la pudeur véritable ne gagneroit pas à l'enlèvement du voile transparent. Le pantalon couleur de chair, strictement appliqué sur la peau, irrite l'imagination et ne laisse voir qu'en beau les formes et les appas les plus clandestins: et voilà les jours qui succèdent à ceux de Robespierre!

Il en résulte néanmoins que toutes les femmes paroissent avoir absolument la même peau, ainsi qu'elles exposent au coup-d'œil les mêmes chevelures blondes. Eh! malheureux! je n'idolâtre, moi, que les cheveux qui sont bruns ou noirs. Je sais cependant que sous cette décoration blonde.... Oh! quand viendra la mode de la peau brune ou demi-brune? car je suis pour les beautés plus ou moins africaines.

Mais quittons ces grands bals; le fifre et le tambourin ne battent plus que machinalement; les lanternes colorées fument et pâlissent. Sortons pour rentrer demain dans les bals bourgeois.

Hé bien! qui s'en douteroit? j'y ai là à deviner, mais beaucoup plus qu'ailleurs: le trait ressemblant y est bien plus difficile à saisir; oui, infiniment plus de détails et de nuances, sous un premier aspect d'abord assez uniforme. La dissimulation, et la plus adroite règne ici, parce que l'on danse sous le regard des mamans, des tantes, des oncles et des frères. Il faut que la fille trompe tous ces nigauds : elle y songe; elle y parvient. Dans ces bals, les mamans conduisent leurs filles il est vrai, mais à peu près comme ces bonnes qui accompagnent de jeunes actrices jusques dans les coulisses, et le tout pour la forme. Ces jeunes personnes sont d'abord comme honteuses des pirouettes, des rigaudons et des entrechats qu'elles entreprennent; mais ce pas qu'elles ont médité, qu'elles ont étudié, qu'elles ont répété si laborieusement en présence du maître, sera pour elles, à ce qu'elles imaginent, le premier pas à la fortune. Elles dansent avec des intentions matrimoniales; car elles visent toutes à épouser le plus riche du quartier. C'est ce qui sanctifie aux yeux des mamans le péché du bal.

Le confesseur a perdu de son crédit; mais il le reprend avec usure, quand il tolère le bal, et qu'il condamne et réprouve la République; puis plus d'une fille pauvre a trouvé à se marier avantageusement, pour avoir fait preuve de cadence et de légèreté. Aussi les jeunes filles, ce que l'on n'avoit pas encore vu, vont-elles par-tout. Il n'y a plus de ce qu'on appeloit *des séducteurs,* depuis la grande facilité des mariages, depuis que le divorce est venu si complaisamment au secours de toutes nos fantaisies. On ne redoute ni le contrat ni l'engagement qu'on peut rompre, refaire et dénouer. On ne craint plus ces accidens, qui autrefois entachoient une famille pour un demi-siècle.

Ainsi les bals ont remplacé, pour les filles, les couvens: on alloit les voir à la grille; on va faire l'entrevue chez le maître à danser; il est devenu tout aussi honnête et tout aussi commode qu'un peintre en portraits. Félicitez-vous, bonnes mamans; et vous, augustes bourgeoises, raisonneuses boutiquières, aristocratissimes *notairaisses*; naguères le sermon de la paroisse vous ennuyoit; maintenant vous avez la morale du Vaudeville, les vêpres mises en vaudevilles dans la pièce de *Santeuil* et *Dominique*, les vêpres chantées par arlequin. Ce chant réjouit toute votre petite famille, et vous toutes les premières; convenez-en. Le bal, après cela, vous paroît un lieu de décence, car tout est comparaison: vous n'y voyez aucun inconvénient. Oh! ce n'est pas le moment de les condamner, ces bals! ils facilitent les mariages. Je ne suis pas rigoriste assurément; je ne veux pas empêcher les filles de se marier; mais ces bals du soir et prolongés dans la nuit, enfin ces bals où le fifre perçant et le tambourin raisonnent, je vous en avertis, complaisantes mamans, favorisent bien des choses, et ne feront qu'agrandir les salles des Enfans-trouvés *).

. Les bals militaires se distinguent encore par une plus grande effervescence. On y entend, pour ainsi dire, le tumulte des camps et le cliquetis des armes. Les gestes, les pas des danseurs ont quelque chose de mâle, et l'on s'aperçoit à leur air martial qu'ils passeroient avec la même ardeur des bras du plaisir aux champs de la victoire : tous les mentons y sont nuds, et les visages non efféminés offrent aux regards l'honorable moustache. C'est avec regret que nous avons vu ces braves défenseurs de la patrie environnés de ces femmes sans pudeur, plus propres à les détourner de leurs devoirs qu'à les y porter, et qui par leurs appas dangereux, peuvent les rendre incapables de soutenir le poids des armes

---

*) Le nombre des enfans trouvés s'est accru, à Paris, depuis dix-huit mois de près du double.

et les fatigues de la guerre. Femmes honnêtes et pudiques, chargez-vous de la reconnoissance nationale! accordez votre main à ces guerriers, dont le caractère en général est toujours plus franc que chez les autres hommes.

Il est des bals pour tous les états; les porteurs d'eau et les charbonniers ont les leurs; je ne veux rien oublier. Dans des caves, même au fond de quelques allées, dans de sales cabarets; au son d'un violon grossier, ou d'une rauque musette, tous les dimanches et toutes les décades (car le peuple chome doublement), souvent même dans l'intervalle, les auvergnats dansent à ébranler les planchers et à faire craindre les réparations locatives. Le lieu de la danse est éclairé ou par un lustre composé de deux morceaux de bois en croix, ou par quelques lampions rangés à terre le long des murs. Au milieu d'un nuage de fumée de tabac et d'odeur d'eau-de-vie, vous voyez s'élever et retomber sans cadence

et sans mesure des danseurs inimagi-
nables; et tout à côté, sur de méchans
bancs à moitié vermoulus, des groupes
d'hommes et de femmes se barbouillent
de gros baisers, si hideux qu'ils me font
détourner la tête, et que je voudrois aujourd'hui les déloger de ma mémoire.
Quelquefois le soulier à clou dans son
élan écrase le lampion et asperge toute
l'assemblée : cela ne fait rien ; il n'y
paroîtra ni aux bas ni à la chaussure, ni
aux cotillons ; le suif enflammé ne mord
point sur le cuir tanné de ces *Vestris :*
ils réprennent leurs bandouillères ; et s'en
vont, en se donnant pour rire de gros
coups de poing.

Enfin j'ai vu des bals où des danseurs
de profession, costumés en nègres, en
sauvages, en Chinois, en paladins, se
faisoient grandement admirer, parce
qu'ils n'étoient pas connus ; mais ces
subtils escamoteurs de renommée, j'ai
su, moi, les reconnoître. Que n'ose point
cependant l'amour de la gloire ! je les ai

surpris dans un bal de blanchisseuses ;
s'ennivrant de l'admiration de vingt cou-
turières : ainsi un comédien du troisième
ordre, sifflé et resifflé, va représenter chez
Nicolet ou *Ribié*, et y enlever des applaudissemens ; il fait alors une bonne nuit.

Fameux danseurs de l'Opéra, est-ce
vous qui avez tourné toutes les têtes de
la cité ? Sachez que vous comptez autant
de lourds imitateurs qu'il y a de préten-
dans aux grâces corporelles : mais si d'un
côté l'on vous imite, célèbre Vestris, l'on
entend les mêmes danseurs vouloir vous
imiter en même tems, vous, *gosier-
Garat ;* on n'entend plus que caracouler
vos perpétuelles caracoulades. Or, le
gosier-Garat est un instrument, dit
unique, qui exécute des difficultés musi-
cales, et de si grandes difficultés qu'elles
en sont vraiment baroques. On dit que
cela est admirable ; on s'y pâme ; et voilà
ce que j'y ai trouvé de plus curieux.
Dans ces bals, dans ces concerts, l'arbre

du luxe, de l'opulence, fleurit au milieu d'une ville peuplée de misérables; et c'est ainsi que l'on voit un superbe oranger qui s'élance d'une caisse peinte et remplie de fumier.

Parisiens, mes chers *Parisiens*, dansez ou allez à la messe; allez à la messe ou dansez; dansez même et allez à la messe en même tems; mais pour Dieu ne politiquez pas: car quand vous voulez politiquer, vous tombez dans les piéges les plus grossiers qui vous sont offerts. Vous vous acheminez sur la foi de quelques scélérats vers toutes les horreurs de la dissolution anarchique. Dansez, je vous en supplie, dansez; car il est impossible que vous ayez un autre caractére qui vous convienne mieux. Eh! n'auroit-il pas mieux valu pour vous de danser et le 31 Mai, et le 2 Juin, et le 4 Prairial, et le 15 Vendémiaire!

Ensuite, crédules Parisiens, qui n'é-coutez-vous pas? Il y a moins d'ennui à voir danser que d'entendre un potpourri royaliste *) sortir dans les Lycées, de la bouche d'un littérateur qui se prodigue comme un chanteur ou comme un violon, et qui vend en personne sa rhétorique usée. Ainsi que le violon, il recommence sans cesse la même ritournelle qu'il débite depuis dix ans; et il ne sentira pas même l'ennui qu'il distille.

Vive donc la danse, mes chers Parisiens! et de préférence à la triste et monotone littérature de nos redondantes académies, de préférence sur-tout à tous ces lieux communs d'aristocratie hébetée et de royalisme extravagant. Que nos Lycées au lieu de nous distribuer des phrases si rebattues ouvrent, leurs vastes

---

*) Pauvres déclamateurs, qui nous déployez sans cesse la robe ensanglantée de César (qu'Antoine ne montra qu'une seule fois au peuple Romain), sachez qu'en politique le jour d'hier est un cadavre, et que le jour de demain est quelque chose; et que dans la personne de Louis XVI, ce n'est pas un homme que l'on a mis à mort, mais un gouvernement.

salles à la danse. Pesans duri-crânes, dont le stile même ne danse jamais, taisez-vous: vous ne valez pas le violon qui nous met en joie, car vous attristez une brillante et nombreuse assemblée: faites place au tambourin; et pour le mieux prouver, voici ce que le grave Montesquieu a écrit sur la danse: „La danse nous plaît par la légèreté, par une certaine grâce, par la beauté et la variété des attitudes, par sa liaison avec la musique; mais sur-tout elle plaît par une disposition de notre cerveau, qui est telle qu'elle ramène en secret l'idée de tous les mouvemens à de certains mouvemens, la plupart des attitudes à de certaines attitudes."

Chapitre XCIII.

Don patriotique.

C'est l'or et l'argent qu'on portoit de bon cœur sur l'autel de la patrie, pour subvenir à ses besoins. Un précis historique de tous les *dons patriotiques* faits depuis le commencement de la révolution, peut devenir le sujet d'un ouvrage propre à honorer la nation. Je n'en citerai qu'un qui mérite la préférence, parce qu'il est un des premiers qui ait été fait.

Il est dans Paris quelques sociétés d'artisans qui, réunis volontairement par l'amour du travail et de la piété, présentent l'image pure de cette vie cénobite, que depuis long-tems, on cherchoit en vain dans les cloîtres.

Parmi ces établissemens on dis-
tinguoit celui des *frères cordonniers* de
la rue de la grande Truanderie. Ces
honnêtes et laborieux artisans avoient
du produit de leurs travaux communs,
formé le capital de cent cinquante-six
mille six cent cinquante livres, dont le
placement entretenoit parmi eux l'aisance et le fond des aumônes qu'ils faisoient. Ces excellens patriotes ont offert
à l'Assemblée nationale le sacrifice de
leur petit trésor, en demandant seulement une pension pour les vieillards
et les infirmes.

———————

Chapitre XCIV.

Caricatures, folies.

On a épuisé les caricatures sur tous les candidats; on a épuisé la calomnie sur tous les gouvernans passés, présens et futurs: la voix de la calomnie est toujours infatigable. Tout ce que l'esprit et la sottise peuvent dire ou imaginer, a été imaginé et dit. L'on peut dire que la calomnie est chez les Parisiens, ce qu'étoit le péché contre nature à Sodôme et à Gomorrhe: elle y a acquis le droit de bourgeoisie. Mais si les injures et les outrages ne sont point épargnés aux hommes en place, ils paient tous ces sarcasmes par le

mépris le plus calme; ils sont indifférens même aux écrits qui les défendent :
comment ne le seroient-ils pas à ceux
qui les attaquent! on diroit qu'ils ont
pris pour devise ce vers de ma com-
position :

Laissons-les bavarder, et gardons l'action.

Les cent trente-trois journaux chan-
tent tous chacun à leur manière; il en
résulte l'effet que produit un orchestre
trop nombreux et discordant: on ne
peut plus rien distinguer; c'est du bruit,
et un bruit qui souvent fait rire.   Il
n'y a pas de rues où il n'y ait l'impri-
merie d'un journal, et trois journalistes
dans les mansardes, écrivant, ou plutôt découpant des colonnes de journaux,
et ne taillant leur plume que quand on
leur a avancé le mois. A force d'avoir
voulu élever la presse au-dessus de tout
le reste; à force d'en avoir voulu faire
la magistrature suprême; à force de la

placer au-dessus des lois de la décence, de l'honnêteté, la presse est retombée à zéro: voilà le produit de la licence. Le bon qui se trouve dans les feuilles est perdu, parce qu'on a enveloppé du manteau de l'oubli le plus dédaigneux, toutes les feuilles périodiques: c'est qu'aucune d'elles n'a su se préserver d'une physionomie mobile, selon les événemens.

Les caricatures semblent vouloir les remplacer, et former une addition à la liberté illimitée de la presse. Les passans s'arrêtent en foule au devant des marchands d'estampes, pour regarder les *incroyables*, les *merveilleuses*, la *marchande de merlans*, le *rentier*, la *folie du jour*, l'*anarchie*, le *danger des perruques*. Il faut dire pour l'instruction des étrangers, que cette dernière estampe offre une femme courant à cheval, et dont la chevelure et le chapeau s'envolent à la fois.

Ces peintures naïves de nos ridicules, de nos folies, de nos travers, de nos vices, n'excitent que le sourire passager d'un peuple volage qui s'étudie dans sa mise, qu'il varie à chaque instant du jour, à faire la charge même du ridicule dont on lui offre le fidèle miroir. Qui le croiroit? l'estampe des incroyables a généralisé les oreilles de chien : c'est ainsi que les journaux ineptes, frondeurs du républicanisme, ont fait beaucoup de républicains.

A côté de ces caricatures, figurent en grand costume, les portraits de ces généraux, dont les noms inconnus se sont tout-à-coup couverts d'une gloire immortelle; et qui, généreux défenseurs de la France, ont en la protégeant, sauvé l'Europe entière de l'horrible système d'oppression et d'esclavage que les rois avoient médité contre les peuples: leur concorde républicaine, loin de la basse jalousie, ne les honore pas moins que leurs victoires. Charrette fait nombre auprès d'eux ; et il étoit donné à la générosité française de rendre hommage à ses talens en détestant son méprisable fanatisme. Les portraits du gros Louis et de sa fille sont encadrés et exposés comme les autres : ce sont des images et rien de plus aux regards du spectateur qui les achète s'il lui plaît, ou qui leur rit au nez, suivant sa fantaisie. On vous tire par la manche et l'on vous offre la Mort de Louis XVI et de Marie-Antoinette, tragédies ; cela ne vaut que quinze sous pièce, et personne n'en veut.

Mais ce qui frappe le plus, c'est la fainéantise du peuple. Le petit peuple travaille très-doucement. Ses bras daignent à peine faire le moindre effort. Son métier est devenu pour lui une espèce d'amusement. Le gros travail lui fait peur : le brancard est peu chargé, la hotte est légère. Il joue ses bras comme par condescendance ; il veut dans une heure gagner le prix d'une journée entière; il semble enfin, en travaillant avec l'insouciance la plus marquée, obliger encore le maître ou le bourgeois qui le paie chèrement. Au reste, les guinguettes, les spectacles sont remplis par lui de bonne heure. Oubliant le passé, tuant le présent, ne songeant pas à l'avenir, il va tous les jours aux promenades publiques; il est sur les boulevards, sur les quais, les bras croisés; il est dans les cafés, occupé d'une partie de billard, ou s'appesantissant sur un dez de dominos; il y passe sa vie: il a presque honte du travail de la boutique. Enfin, grace à la multiplicité indicible de tripots, de billards, de salles de spectacles à bon marché, de cabarets, le Parisien est devenu l'homme le plus paresseux de toute la terre : on se demande: Quel travail nourrit cette multitude oisive?

Il y a peu de jours la taille des robes des femmes illustres se dessinoit en cœur; actuellement celle des corsets se termine en aîles de papillons dont le sexe semble vouloir en tout se rapprocher, et qu'il prend le plus souvent pour modèle. Hier c'étoient les chapeaux à la Paméla; aujourd'hui les chapeaux à l'angloise: hier elles se paroient de plumes, de fleurs, de rubans, ou bien un mouchoir en forme de turban les assimiloit aux odalisques; aujourd'hui leurs bonnets prennent la forme de la femme de Philippes de Commines: hier leurs souliers élégans étoient chargés de rosettes et fixés au bas de la jambe avec un ruban artistement noué; aujourd'hui une grande boucle figurée en paillettes leur couvre presqu'entièrement le pied, et ne laisse apercevoir que le bout d'un léger bouquet, dont la broderie vient finir sur la petite pointe du soulier: et que l'on ne croie pas que ce soit ici la caricature de nos illustres; à peine est-ce une légère esquisse de leurs folies, de leurs changemens variés à l'infini.

Quant à celles qui trottent, elles singent assez bien les premières quant aux bonnets, aux chapeaux, aux ajustemens ; mais elles sont toujours détestablement chaussées, non parce que leurs souliers sont plats, mais parce qu'ils sont mal faits, et déformés ; ce qui annonce qu'elles les achètent tout faits, et qu'une jeune fille prend souvent la chaussure de sa grand'mère. Mon œil ne peut guères s'accoutumer à les voir marcher sans précaution, et quoique retroussées jusqu'à mi-jambe, se crotter encore plus que les hommes. Dans ma jeunesse, les femmes marchoient sur le bout du pied, et l'étoffe de leurs souliers étoit intacte : l'humidité ne passoit pas la semelle.

Au moment où j'écris, les femmes ont la fureur des chapeaux de paille, des aigrettes de paille, qui remplacent les plumes triomphales.

Las de courir tout Paris pour charger ma palette, veux-je entrer dans un café, j'entends chacun se plaindre d'être ruiné par la révolution ; et ceux qui tiennent ce langage ne font rien et passent leur

vie au café; mais c'est un ton: il faut
être ruiné par la révolution; et celui qui
avoit vingt pistoles de revenu, veut vous
faire accroire qu'il avoit vingt mille livres
de rente. Chacun appelle la paix à grands
cris, et personne ne se réjouit de nos
étonnantes victoires. Le bourgeois qui
a lu l'histoire romaine, n'est pas plus
touché des grandes actions de nos généraux que d'un roman. Il se baissera pour
vous dire mystérieusement à l'oreille:
*Bonaparte va passer le Rubicon et imi-
ter César.* Où a-t-il pris cette grande
idée? en causant avec son voisin, à la
messe, où il va non pas par croyance,
mais à ce qu'il imagine, pour faire
enrager la République.

Il plaint les prêtres; parle de sa misère, de ses incommodités, qui toutes
viennent de la révolution: tout ce qui
arrive de fâcheux sur terre n'a pas d'autre
source. Sa femme, sa fille sont attaquées
de maux affreux d'estomac, c'est aux

queues qu'elles ont amassé ce mal ; c'est
à la suite du long jeûne, imposé il y a
deux ans par Boissy-d'Anglas. Ne
croyez pas cependant qu'il lui en veuille ;
il lui a pardonné ce dur carème ; il lui a
rendu sa confiance, parce que Boissy-
d'Anglas lui promet pour Pâques pro-
chain les œufs rouges à la royale.

Le refrein éternel, c'est le malheureux
sort des rentiers. Les mendians de métier sont de pauvres rentiers ruinés ; la
République ne trouveroit jamais dans ses
ressources de quoi payer, je ne dis pas le
principal, mais même les intérêts de
toutes les rentes soi-disant appartenantes
aux prétendus rentiers : et voilà comme
s'atténue l'intérêt que doit inspirer à
l'homme sensible la position de quelques-
uns de ces honnêtes créanciers de l'état.

Enfin tout est devenu rentier. Le
vieux carrosse démantibulé, tiré par des
haridelles attachées avec des cordes, ayant
pour conducteur un cocher et un postillon
en souguenilles, et dont les talons per-

çoient les souliers; ce plaisant attelage n'est plus la voiture du prétendant, c'est celle des rentiers.

Le boutiquier toujours avide, murmure, mais il est tranquille; on diroit qu'il s'est aperçu qu'il perd ses paroles, et qu'on y fait peu d'attention. Les gens aisés ont pris un sage parti: ils ne se mêlent plus de politique; ils ferment l'oreille aux discours des remuans, rient de la guerre des journalistes, n'étudient à leurs toilettes que les cases de leurs nécessaires et le cours des papiers, se mirent dans leurs bottes, et sont indifférens pour tout le reste.

Les nouveaux millionnaires encore plus indifférens, mais non moins déchaînés contre le gouvernement, se font une principale affaire de se trouver avec les princesses du jour aux concerts de Garat, dit sur le théâtre de Ribié, l'Orphée moderne. Ces hommes parvenus ne connoissent rien à la musique, mais ils applaudissent à outrance les caracoulades du chanteur, et ils admirent les femmes qui embellissent toutes les loges.

Si ce monde est une rotation perpétuelle, pourquoi les anciennes marchandes de pommes et de trippes ne figureroient-elles pas à leur tour, sur-tout lorsqu'elles sont jolies? car la vraie noblesse chez les femmes est la grâce et la beauté.

Les thés sont en grande faveur. C'est presque les seuls endroits particuliers où l'on se réunisse: il n'y a plus de repas; chacun mange chez le restaurateur, dont le nombre se multiplie à l'infini: il y en a à chaque coin de rue. On n'aperçoit que barbouilleurs hissés au haut d'une échelle, dessinant pour enseignes, des lièvres, des jambons, des écrevisses, des saucissons, ou écrivant en lettres angloises : *Déjeûners froids, cabinets particuliers:* on n'entendra quetrop cette dernière annonce: un bouchon est devenu la grotte de Venus.

Il faut que le pot-au-feu soit renversé dans presque toutes les maisons. Autrefois on se présentoit pour dîner chez son ami ; aujourd'hui c'est tout différent ; chacun reste chez soi: on va prendre, *en catimini*, son repas chez son restaurateur. Est-ce économie ? est-ce division ? Ce qu'il y a de certain, c'est que cette mode annonce rupture et désunion dans l'ordre domestique, et l'on peut dire que les restaurateurs indiquent un changement essentiel dans notre manière de vivre et dans nos mœurs.

Les thés au moins semblent rapprocher davantage ; ils sont le premier pas pour remonter vers l'urbanité française, depuis long-tems si méconnue. Les femmes y sont en grande parure; c'est une réunion brillante; il y règne un certain silence; les conversations s'y font à demi-voix; chaque groupe s'isole au milieu même de la société, et les passions qui par-tout ailleurs ont leur physionomie et leur langage, semblent y avoir déposé tout ce qu'elles ont de dur et de personnel; mais si l'on ne parle pas, chacun se devine, se tâte, pour ainsi dire; on veut lire dans les yeux ce qu'on n'entend pas dire, et les regards expriment tout ce qu'on ne dit pas; la haîne y est réellement affectueuse. Quoi qu'il en soit, les thés nous ramèneront peut-être à la politesse française.

Les jours où il n'y a pas de thés, l'on se promène à Coblentz, aux Champs-Élysées; l'on va prendre des glaces chez Garchy, chez Velloni; l'on va aux fêtes de Tivoli, aux feux de Ruggiéri; et le pauvre frémit de l'étalage indécent du luxe, qui cependant le nourrit et l'entretient; car il faut du luxe à Paris.

Les courses à cheval du Champ de Mars ont inspiré le goût de l'équitation aux favoris des amazones, non pas celles qui se brûloient la mamelle pour mieux tirer de l'arc. Tous briguent la gloire de courir à côté d'elles aussi savamment que Franconi. Ils veulent tous monter à l'angloise; mais ne sachant pas saisir le mouvement du cheval, ils se fatiguent, et font rire de leurs sautillemens convulsifs: le bois de Boulogne est leur carrière olympique. Il y a plusieurs années que de ridicules maquignons se sont ingérés de raser les oreilles des chevaux; aujourd'hui c'est la crinière qu'on leur rase; on leur met de la cire luisante aux sabots: bientôt on les poudrera.

On ne sait si les jeunes gens sont plus jaloux de faire parade de leurs montures que de leurs belles; mais ils semblent plus charmés de leurs montures, au plaisir avec lequel ils caressent leurs coursiers, à l'attention avec laquelle ils les regardent et les flattent. Ceci rappelle le mot d'un ancien petit-maître qui aimoit beaucoup les courses de chevaux et les soupers d'actrices. On lui demandoit ce qu'il idolâtroit le plus, des filles ou des chevaux. Après un silence, il répondit: J'aime mieux les femmes, mais j'estime plus les chevaux.

On dit que la plupart de ces cavaliers n'ont que des chevaux d'emprunt, et que tous ces coureurs élégans fendent l'air avec la rapidité de la flèche pour aller retrouver les arrhes de la veille, afin de pouvoir dîner; car le grand air donne de l'appétit.

Le jockey, qui souvent n'appartient pas plus au cavalier que le cheval, suit tristement son maître du matin, et attend avec impatience la fin de sa course. Au reste, peu de coursiers fringans: des espèces d'anglois à courte queue, à courtes oreilles, maigres de vieillesse ou de famine, voilà en partie la monture de nos anglomanes. Ils ont des prétentions; ils prennent leurs positions guindées pour de la grâce, et s'admirent au milieu de leurs courses: piafant, courant, caracolant, les jeunes gens ont l'air triste.

Mais ce qu'il y a de plus singulier, c'est que ces femmes, ces jeunes gens s'arrêtent subitement au milieu de leurs courses, et lorsque le soleil a encore plus de trois heures à parcourir; ils quittent l'air pur de la campagne pour se rendre dans des sallons malsains où l'on fait de la musique. Ce n'est pas qu'ils aient l'intention d'entendre, mais ils veulent trouver à qui parler de leurs courses; et c'est le plus grand plaisir que le coureur en reçoit. D'autres monteroient à cheval par intérêt pour leur santé: nos chevaliers du jour n'y montent que par amour-propre.

On n'étale plus que des livres obscènes dont les titres et les estampes repoussent également la pudeur et le bon goût: l'on vend ces monstruosités partout sur des mannes, le long des ponts, à la porte des spectacles, sur les boulevards. Le poison n'est pas cher; dix sous le volume. Toutes les productions du libertinage, et les plus licencieuses, renchérissent les unes sur les autres, et ont attaqué sans frein et sans crainte l'honnèteté publique. On diroit que ces vendeurs de brochures sont des marchands privilégiés d'ordures: tout titre

qui n'est point infâme, semble être exclus de leur montre. La jeunesse y puise
sans obstacle comme sans scrupule, les
élémens de tous les vices. Cette horrible
manufacture de livres licencieux a pour
manufacturiers tous les contrefacteurs,
genre de pirates qui tueront la librairie,
la littérature et les hommes de lettres :
elle a pour base cette liberté illimitée de
la presse que reclament sans cesse les
plus faux, les plus méchans ou au moins
les plus aveugles des hommes.

L'institution du divorce, le *sacrement
de l'adultère*, vient à l'appui de ce désordre. Elle seconde puissamment la
pente au libertinage, entretenu par les
excès de la gourmandise et de la bonne
chère, par l'usage journalier des spectacles, des bals et de ces dissipations
frivoles dont il n'y a aucun exemple chez
aucun peuple de la terre.

Cette multitude de théâtres naturalise
la paresse, tue les arts et les métiers qui
demandent quelque suite, paralyse les

bras, effémine les esprits et cesse d'êtré un divertissement à force d'être répétés. Il n'y a plus de jours de loisirs quand chaque jour le peuple est invité à perdre la moitié de la journée pour nourrir ou mal nourrir une phalange d'histrions. Les Parisiens ont la lasciveté des moineaux-francs qui peuplent leurs toîts; ils sont encore plus volages et changent de femelle plus fréquemment qu'eux: la plupart n'ont pas même leur délicatesse dans leurs plaisirs.

Aussi n'appartient-il qu'à ce peuple de badiner, de rire avec le mal qui est la suite de la luxure. Il n'est pas un angle de porte, pas un mur qui ne soit triplement couvert d'imprimés portant annonce de remède pour la guérison radicale de la maladie vénérienne. On met dans la main des vieillards, des femmes, des jeunes filles mille annonces de prétendus guérisseurs. Nul ne rougit de donner ou de recevoir le papier. Chaque quartier a sa maison de santé:

ce sont des gâteaux-toniques, des pastilles, des dragées-chocolates, etc. Ensuite des charlatans de même espèce, mais moins en vogue, lui jouent la comédie à cheval ou en cabriolet, et Pierrot distribue aux assistans des remèdes anti-siphiliques au son des cimbales, des clarinettes et des cors de chasse.

Tel est le peuple de Paris, que huit ans ont entièrement changé; qui vend ses écus de six livres pour des gros sous et crie contre l'agiotage; qui boit, rit, chante, danse, et murmure après un gouvernement paisible et vigilant, qu'il accuse le matin d'être royaliste, le soir d'être terroriste; car il ne cesse d'avoir ces rimes en *iste* dans la bouche; qu'il calomnie enfin: que dis-je! qu'il menace à chaque instant, du moins en paroles, après avoir enduré coi et silencieux, souvent même avec l'apparence de l'approbation, le gouvernement de Robespierre.

Je pourrois parler de l'hôtel dé Bullion, receptacle éternel des meubles les plus précieux des émigrés, fréquenté par les faiseurs d'affaires, par les intrigans qui avoient le secret de la fabrication des assignats, c'est-à-dire, celui du total de leur émission progressive, et qui ont accaparé des chefs-d'oeuvres de l'art d'un prix inestimable, pour de vains tas de papiers, et qui les ont revendus pour de grosses sommes d'argent, à des fournisseurs qui, naguère laquais d'antichambre ou palfreniers, dorment aujourd'hui sur des matelas de plumes de cignes. Ce sont-là les jeux de la fortune. On m'avoit bien assuré que le bouclier de Scipion, vendu quinze cents francs, étoit devenu la proie d'un orfèvre: cela n'est pas, mais cela a été sur le point d'arriver.

Je parlerai autre part des maisons de commerce, de ces comptoirs de publicains qui sont de véritables écoles de friponnerie; de ces ventes et reventes perpétuelles où les huissiers-priseurs jouent un double rôle, où les marchandises qui semblent passer de main en main, restent toujours dans la même, et augmentent de valeur en proportion du renversement des fortunes particulières.

Les agioteurs n'avoient pas besoin que leur cupidité fût stimulée par tous les accidens de la révolution; mais ils ont pris une marche si audacieuse, une diction si farouche, une morale cartouchienne si prononcée, que s'il est curieux de les entendre, il est pénible de les observer.

Ce que je puis certifier, c'est que les maisons se trafiquent comme les pains de sucre se trafiquoient dans le tems des assignats: on les achète pour quinze jours, puis on les revend toujours avec bénéfice. Quant aux réparations, l'on n'en fait aucunes; mais chaque nouveau propriétaire en augmente les loyers, tracasse les locataires, les traite durement: jamais les conquérans n'ont été plus inexorables envers les peuples conquis. Ils font raisonner avec ostentation et hauteur le nom de propriétaire, et peu leur importe si les murs tombent de vétusté, si le toît est à jour: ils ne font attention qu'à leurs caves, parce qu'ils les remplissent de trente sortes de vins, sur lesquels ils font un nouvel agiotage.

Il ne reste à ceux qui ont souffert de la révolution que l'espérance de remonter leur fortune au milieu des avantages de la paix; d'autres l'attendent du hasard, soupirent après des banques, des chances plus ou moins favorables; plusieurs regrettent les assignats, qui imprimoient à tous les objets mercantilles une vive circulation. Un grand nombre desiroit, et le vœu est presque général, le rétablissement d'une loterie que tout commande impérieusement, et qu'il faudra adopter si l'ineptie la plus coupable ne nous aveugle pas encore sur cet impôt direct, le plus dur, le plus désastreux, le plus anti-républicain. Le conseil des anciens, se piquant de sagesse, a rejeté tout projet de loterie. On pourroit leur dire :

Avant de tout juger, apprends à tout connoître.

Je peserai toujours sur l'impôt indirect d'une loterie nationale, qui ne sera point toutefois celle connue sous le nom de *loto*.

L'argent est donc devenu plus privilégié que la vie des hommes, que leur repos, que leurs peines, que leurs fatigues ? Une réquisition formelle oblige tous les bras au service de l'état, et oppose aux dangers de la guerre une jeune population, tandis que l'excédent de l'argent ne sauroit être dirigé vers le trésor public !

L'avarice se soustrait chaque jour au paiement des impositions ; l'avarice garde ses trésors enfouis, et chaque jour elle accumule au détriment de l'état, des richesses qu'elle retire de la circulation, ou qu'elle emploie à tuer le crédit, en les plaçant au plus fort denier; et le gouvernement, en lui présentant des chances favorables, ne sauroit par une spéculation productive, arracher de la terre ou du coffre-fort une partie de ces espèces qui manquent au mouvement vital!

Faut-il, dira-t-on, ôter au pauvre, au malheureux sa dernière obole? Hé! faux moralistes! faut-il lui ôter toute espérance? Mais faut-il encore vous l'apprendre? Ce n'est pas le pauvre qui alimente les roues de fortune; s'il met à la loterie, c'est modiquement; car c'est l'obole qu'il jeteroit dans les cabarets pour s'y empoisonner de mauvais vin qui trouble sa raison et le porte à des excès; c'est l'obole qu'il donneroit à des diseurs de bonne avanture, à des charlatans empiriques, à des imposteurs religieux. C'est le riche seul qui avanture des mises un peu considérables. Vous vous appitoyez sur les habitans de la campagne! Vous ignorez donc qu'ils thésaurisent, et qu'ils ont enfoui ce numéraire qu'ils ont aspiré avec une cupidité si révoltante, qu'ils voudroient vendre toute rave un écu. L'impitoyable fermier, le dur commerçant, l'agioteur, tentent de réunir à leurs gains immenses, les bénéfices que promettent les chances du hasard. — *Nemo dat quod non habet.*

Interrogez tous les receveurs; ils vous diront: C'est l'avare en guenilles, qui craignant pour son cher trésor, ou à la suite d'un calcul, vient, apporte nuitamment son sac, et fait voir le jour à des espèces que la terre ou la muraille enseveliroit jusqu'au moment de sa mort.

On n'a jamais voulu calculer ce que l'avarice puissamment excitée par un aiguillon politique pourroit rendre à l'intérêt général. Eh! quand l'avarice seroit déçue, ne seroit-ce pas une juste punition de sa longue insensibilité? Ceux qui nous affament, qui nous vexent, qui commettent une foule de petits crimes pour s'enrichir, s'il y a une clef pour ouvrir leurs coffres ténébreux, n'est-il pas sage d'en user? Eh! ne diroit-on pas d'ailleurs que les loteries ne rendent rien des sommes qu'elles reçoivent!

L'argent est le produit du travail; mais qui perd son argent, est forcé à un second travail : or l'on peut affirmer qu'il y a aujourd'hui trop de bras oisifs. J'en atteste les spectacles journellement remplis. Cet argent si précieux à la subsistance du pauvre, et qui lui reviendroit par voie de loterie, est dépensé pour des histrions de toute espèce et de toute couleur, depuis Garat qui boit l'or en retirant son haleine, jusqu'à madame Angot, qui aux boulevards pomperoit tout le cuivre de Suède. Musiciens, saltimbanques, vendeurs d'orviétan, ouvriers en bagatelles, le peuple paie toutes ces inutilités, souvent dangereuses; et il ne pourroit placer quelques deniers pour se donner les rêves les plus agréables! Brisez donc le ressort qui est en lui, et qui dans la peine lui fait imaginer le bien être.

Par quelle bisarrerie, par quelle affectation de morale, faites-vous un vain étalage d'érudition pour prouver la prétendue immoralité d'un établissement qui, en dernière analyse, n'est qu'un objet de luxe ainsi que les diamans, les spectacles, les danses et les bals? Que vous importe de quelle manière l'homme dépense, puisqu'il dépense chaque jour pour des sons, des gestes et des gambades?

Chapitre XCV.

Fraternité.

Indigné de la prostitution qu'on faisoit du doux mot de *fraternité*, *Chamfort* traduisoit cette inscription tracée sur tous nos murs : *Fraternité, ou la mort,* par celle-ci : *Sois mon frère, ou je te tue.* Il disoit : La *fraternité de ces gens-là est celle de Cain et d'Abel.*

On a effacé depuis *ou la mort.*

Chapitre XCVI.

Les mères sont nourrices.

Si l'on retrace chaque jour les scènes affligeantes de notre révolution, pourquoi ne pas parler d'un spectacle du moins consolant, et qui frappe incessamment nos regards? c'est celui que nous offre une multitude d'enfans allaités par leurs mères. De quel côté que je porte les yeux, je rencontre par-tout des enfans, et dans les bras de toutes les femmes; les hommes eux-mêmes portent ces innocentes créatures: il n'est point de carré de verdure, point de promenade, point de place publique qui n'offrent des groupes d'enfans de tout âge. Ici, l'adolescence tire dans une multitude de petits charriots, l'enfance paisiblement endormie: vos pas sont arrêtés par tous ces petits attelages, mais vous n'en murmurez pas, vous ne vous en offensez pas, parce que vous êtes amplement dédommagés du retard par le gracieux sourire de tous ces êtres aimables et innocens. Ils vous entourent, ils vous pressent les genoux; vous les écartez doucement pour poursuivre votre chemin. Là, la petite fille de dix ans fait la bonne, régente ses sœurs et cousines, et rien de plus intéressant à contempler que la subordination qui règne entre des âges que l'on confond avec celui où nous sommes parvenus.

Jamais dans aucune ville, dans aucun tems de ma vie, un pareil nombre d'enfans n'avoit frappé mes regards. La maternité devient pour nos Françaises un degré de plus d'agrément: toutes nourrissent, toutes s'honorent d'être mères, et toutes sentent que la seule et bonne nourrice, est la véritable mère. La maternité est tellement en honneur, que ses fonctions font taire tous les propos oisifs qu'inventoient la malice et la médisance. Le sexe est justifié de toutes ses foiblesses, dès qu'il offre une nourrice soigneuse et attentive. Les plus jeunes sont, pour ainsi dire, celles qui s'attirent le plus de respect, tant les devoirs de la nature, quand ils sont accomplis, imposent silence au bavardage de nos vains moralistes! Eh! la nature n'est-elle pas déjà une énorme usurière envers un sexe foible; et si la femme ne trouvoit pas dans les charmes et les caresses d'un enfant, non une récompense, mais une dédommagement de ses peines, la génération des êtres ne tariroit-elle pas bientôt?

Il semble que toutes les ames qui se sont envolées sur la frontière pour la défense de la patrie, soient rentrées pour animer de nouveaux corps, et former un foyer de républicains, qui jouiront des travaux et des sacrifices de leurs ancêtres.

L'enfance plus soignée, plus libre dans ses mouvemens, et qui n'est plus châtiée, indique un caractère de joie et d'indépendance qui charme l'observateur. Les corrections ont disparu ainsi que les nourrices vénales et grossières; la voix seule réprime les fautes; et c'est ainsi que l'on doit accoutumer de bonne heure l'enfance à n'être régie que par la parole.

Les voilà, ces jeunes élèves qui s'entretiendront un jour de nos erreurs, de nos fautes, de nos malheurs; ils nous jugeront, et la véritable histoire de nos calamités et de nos grandeurs ne sera que dans leur bouche.

Les petits caractères impérieux se décident déjà et annoncent la fierté républicaine. D'année en année les nuances se font sentir; et moins gênés par des pédagogues, ils se livrent avec plus d'effusion au plaisir; leur attitude plus libre, en devient plus gracieuse, ils seront meilleurs que nous, parce qu'ils auront été plus heureux dans leur premier âge.

Enfin le nombre des enfans est si grand, que dans telle promenade, il surpasse celui des personnes adultes *). On ne peut se lasser de ce spectacle délicieux, qui annonce la profondeur des vues d'une nature régénératrice. Si c'est-là un produit de la révolution (comme on ne sauroit en douter), ce sont en même tems des scènes si touchantes, qu'elles peuvent tempérer les tristes couleurs du tableau de nos désastres passés. Mais quoi! seroit-ce une loi éternelle de la nature, que le bien jaillisse des sources du mal, et qu'il ne puisse être enfanté que par lui? Je n'ose m'arrêter sur cette idée; elle corromproit ce sentiment de joie qui

---

*) Sur dix enfans, j'en compte huit qui ont la chevelure blonde : ainsi les enfans du N rd sont constamment plus nombreux dans notre commune.

me pénètre en voyant éclore une génération nombreuse, qui ressemble à cet essaim d'abeilles sorti des flancs du taureau d'Aristée; et nous, comme les instrumens d'un bras invisible et puissant, nous aurons tracé douloureusement cette carrière de tranquillité et de gloire que l'homme parcourt, ainsi que le prouve l'histoire, à la suite des grands mouvemens et des bouleversemens des empires.

Chapitre XCVII.

Samson.

C'est le bourreau: Voltaire a dit que c'étoit au bourreau à écrire l'histoire des Anglois ; l'on pourroit dire de même que ce seroit à Samson à écrire celle du règne de la terreur.

Quel homme que ce Samson! impassible, il ne fit jamais qu'un avec le couperet du supplice. Il fit tomber la tête du plus puissant monarque de l'Europe, celle de sa femme, celle de Brissot, celle de Couthon, de tous les adverses, et tout cela d'un front égal ; il fit couler en ruisseau le sang mêlé des princes, des législateurs, des plébéens, des philosophes. Si l'on a

appelé un geolier *un verrou-animal,*
on peut appeler Sams n *la Hache-Guil-
lotine.* Il abat la tête qu'on lui amene,
n'importe laquelle. Quel instrument!
quel homme! il dut craindre de rester
seul un jour dans Paris.

Que dit-il? que pense-t-il? A-t-il
fait réflexion qu'il avoit mis à mort tous
les chefs des partis contraires: Char-
lotte Corday et Fouquier-Tinville,
l'épouse de Roland et Henriot.

Je voudrois bien savoir ce qui se
passe dans sa tête, et s'il a regardé ses
terribles fonctions uniquement comme
un métier. Plus je rève à cet homme,
président du grand massacre de l'espèce
humaine, abattant des têtes couronnées sans froncer le sourcil, de même
que celle du plus pur républicain, plus
mes idées se confondent.

Il a vu la jeune fille à la veille de
ses nôces affronter le trépas avec plus
de sang-froid que le fameux d'Estaing
qui avoit rempli l'Europe des récits

glorieux de sa bravoure et de son intré-
pidité. Comment dort - il après avoir
reçu les dernières paroles ou les derniers
regards de toutes ces têtes coupées ?

En vérité je voudrois être dans l'ame
de cet homme pour quelques heures ; j'y
surprendrois peut-être quelques idées qui
nous sont inconnues. Il a vu mourir
dans l'ivresse le farouche Danton, dont
tous les décrets sentoient le vin ; il a
vu Robespierre et ses odieux satellites
à leur dernier moment frémir, pâlir,
suer de la terreur dont ils avoient glacé
les Français : il eût coupé la tête à
Condorcet comme à Marat. Quel singulier homme ! et son existence n'est
pas un problème !

Il a entendu ces milliers de femmes-
furies applaudir avec des cris forcenés
à cet épouvantable déluge de sang. Il
dort ! dit-on ; et il pourroit bien se faire
que sa conscience fût en plein repos.

La Guillotine l'a respecté, comme
faisant corps avec elle ; l'on ne s'est

jamais avisé de condamner au feu la planche roulante qui amenoit les victimes sous le tranchant fatal. Il est vrai qu'il ne fut point tout à la fois, comme l'exécuteur de la justice de Nantes, bourreau, président de société populaire, et témoin gagé pour déposer contre les prévenus. On ne se disputa point comme à Nantes le bonheur de l'avoir pour gendre; on ne vit point comme à Nantes des personnes de tout rang et de tout état l'aborder d'un air caressant et presser amicalement ses mains sanglantes; et les Parisiennes ne portèrent point à leur oreille, comme bien des femmes de Nantes, des Guillotines de vermeil.

Il reçut, dit-on, des excuses de la reine, lorsque sur l'échafaud, elle eut posé par mégarde le bout de son pied sur le sien. Que pensa-t-il alors? il fut long-tems payé des deniers du trésor royal: quel homme que ce Samson! il va, vient comme un autre, il assiste quelquefois au théâtre du Vaudeville; il rit, il me regarde; ma tête lui est échappée, il n'en sait rien; et comme cela lui est fort indifférent, je ne me lasse pas de contempler en lui cette indifférence avec la quelle il a envoyé dans l'autre monde cette foule d'hommes, tant du premier que du dernier rang: il recommenceroit si.... et pourquoi pas? N'est-ce point là son métier?

Quand les charretées de ces innombrables victimes étoient traînées par trois ou quatre haridelles, comment ne s'est-il pas trouvé dans l'espace de quatorze mois quarante hommes détermines, perçant le flanc des haridelles, et donnant ce grand signal de courage propre à le réveiller dans l'ame de leurs concitoyens? Mais non! tous les braves étoient morts ou aux armées; et la terreur étoit celle que si l'on eût dit à un particulier: „A telle heure la charrette passera devant ta

maison, tu descendras, et tu t'y placeras ;"
le particulier auroit attendu la charrette,
auroit descendu son escalier, et s'y seroit placé !

Chapitre XCVIII.

Nation.

Ce n'étoit autrefois qu'un simple terme de géographie, ou de phrasier qui vouloit enfler son stile. Vous ne trouvez point sous la plume des écrivains du siècle de *Louis IV*, les mots: L'intérêt de la *Nation;* le service de la *Nation;* le trésor de la *Nation;* parce qu'en effet il n'existoit point de *Nation:* la France n'étoit qu'un vaste parc de moutons, que celui qui s'en étoit rendu maître faisoit tondre ou vendre, car *tel étoit son plaisir.*

Chapitre XCIX.

Sans-culottes.

On ignore communément l'origine de ce mot: la voici: Le poëte Gilbert, peut-être le plus excellent versificateur depuis Boileau, étoit très-pauvre; il avoir tancé quelques philosophes dans une de ses satires: un auteur qui vouloit leur faire sa cour pour être de l'Académie, imagina une petite pièce satirique, intitulée: *Le Sans-culotte;* on y rallioit Gilbert; et les riches adoptèrent volontiers cette dénomination contre tous les auteurs qui n'étoient pas élégamment vêtus!

Lors de la révolution ils se ressouvinrent du terme, le ressuscitèrent, et l'employèrent comme un dard invincible contre tous ceux dont les écrits ou les discours tendoient à une grande et prompte réforme.

Ils crurent que c'étoit une excellente plaisanterie, et qu'on en riroit ainsi que l'on avoit fait il y a vingt ans; mais les politiques sont plus invulnérables que les poëtes; ils prirent de bonne grace le titre qu'on leur avoit donné. Je fus inscrit sur la première liste des Sans-culottes, et je ne fis qu'en rire.

Mais ces injures gratuites et le ton insolent, familiers aux antres des salons dorés, irritèrent certains esprits, et leur firent inventer et distribuer aussi sans ménagement le terme *d'aristocrate*.

Tout ceci se passoit avant la révolution. Qui l'eût cru; que des républicains auroient adopté ce terme, et en auroient fait un point de ralliement?

C'est certainement pour attacher le mépris, la haine et l'exécration au mot, à l'idée de république, à la qualité de républicain, au seul gouvernement que puissent avouer la raison, la justice et l'intérêt social; c'est pour rendre odieux, ou du moins ridicules les droits naturels de liberté et d'égalité, que les Jacobins ont imaginé et mis en vogue l'ignoble *Sans-culottisme,* et les *fêtes sans-culottides.*

Oh! je ne doute pas qu'un jour on ne comprendra plus dans nos années républicaines, celles où l'on a célébré de pareilles fêtes. Je crois que la République datera de la constitution de l'an III, et qu'il sera impossible à la raison, à une race nouvelle, de les considérer autrement. Quoi, ces années de la plus détestable anarchie usurperoient un titre contre lequel se souleveroit par le burin de l'histoire, le cri vengeur de l'humanité!

Quoi, la République existoit sous le joug du terrorisme, et lorsque l'on prêchoit au peuple l'absurdité rapace de la loi agraire! Quoi, ces proconsuls qui ont porté dans toute la France le feu, le fer, la dévastation et la mort, étoient des républicains! Quoi, les lois de sang de nos décemvirs étoient des lois républicaines! Quoi, l'exercice de tous les forfaits les plus horribles étoit un gouvernement républicain!

Nos neveux plus justes et plus sensés, ne fixeront l'ère de notre régénération politique que de l'instant où des lois constitutionnelles ont exercé leur heureux empire.

Parmi ces usurpateurs du titre glorieux de républicain, il n'en est pas un seul qui n'ait voulu monter sur le trône de la populacerie; ils s'y seroient assis quand il auroit été garni de clous de charrettes longs et aigus. J'ai vu jusqu'à ce mulet d'Auvergne qu'on nommoit *Romme*, vouloir en essayer. Babœuf a voulu remplacer Marat; et si Babœuf et ses pareils ont été et sont républicains, certes je ne le suis pas.

Quelle profanation de ce mot sacré! et c'est en le prenant pour mener et tromper la multitude, que des hommes ineptes et féroces ont rendu croyable les cruautés sacerdotales de tous les tems et de tous les pays, ainsi que les raisonnemens des plus absurdes théologiens. Ils ont fait rétrograder la raison humaine; ils sont encore coupables d'un plus grand forfait, de la démoralisation presqu'entière d'un grand peuple, hélas! trop crédule.

Le Sans-culottisme a suivi constamment les drapeaux vagabonds de l'anarchie; et si la constitution dit qu'il faut signer dans l'année où j'écris, *l'an sixième de la République*, je signerai dans tout acte, comme je le dois; mais j'en appelle à la justice et à la conscience de la postérité pour rectifier cette inexcusable erreur.

La plupart de ces Sans-culottes ne se doutent seulement pas de ce que l'histoire dira; eux, qui se croyent si pénétrans, ils ne savent pas encore qu'ils ont été mannequins pendant la plus grande partie de la session de la Convention nationale; qu'on s'est servi avidement de leur penchant à l'autorité, à la rapine, pour accomplir des projets qui rouloient au-dessus de leur tête, comme les sphères célestes roulent au-dessus de la tête d'un sauvage ignorant.

Eh! si l'histoire armée de son miroir et de son burin vengeur, leur disoit, eux vivans: Vous n'avez été que des marionnettes exécrables que des fils invisibles faisoient mouvoir; terrassés par des preuves authentiques, où seroient alors les cavernes et les ténèbres assez profondes, où ils coureroient ensevelir la honte d'avoir commis tant de crimes, non pour eux, mais pour une espèce de Vieux-de-la-montagne qui se jouoient de leur harangue à la tribune, de leur colère et de leurs passions enfantines.

Et ces marionnettes Sans-culottes, ces insensés d'un nouveau genre, se sont multipliés parmi nous; ils ont

dit qu'il n'y avoit qu'eux pour gouverner; mais l'homme est comme un
vase plein d'une liqueur saine ou gâtée,
dont la bonne ou mauvaise odeur se
répand au-dehors; il ne s'est épanché
du Sans-culottisme qu'une logomachie
sectionnaire.

Chapitre C.

Dédéifier.

O Parisiens!... je vous ai vus depuis la révolution promener en pompe dans vos rues, les bustes de plusieurs personnages illustres, à qui vous prodiguiez vos adorations: je vous ai vus porter dans un temple les cendres de quelques-uns d'entre eux, que vous regardiez comme des Dieux: un moment est venu, où vous les avez subitement *dédéifiés*: O Parisiens!....

Chapitre CI.

Fabre-d'Eglantines.

Les monstres se dévorent entre eux ; ils se sont armés les uns contre les autres du fer dont ils frappoient l'innocence ; ils se sont fait justice. L'humanité et la liberté n'avoient pas de larmes à répandre sur leur anéantissement.

Fabre-d'Eglantines est de ce nombre ; il fut le promoteur de l'infâme régime révolutionnaire, il fut son panégiriste : il fut l'ami, le compagnon, le conseiller de ces proconsuls homicides qui ont porté dans toute la France le fer et le feu, la dévastation et la mort.

Pourquoi affecte-t-on aujourd'hui de donner des regrets à des brigands subalternes qui n'eussent mérité que le mépris, si la tyrannie en les frappant pour ses vues particulières, n'eût éveillé sur eux une espèce d'intérêt.

Cette Montagne, ou plutôt comme je l'appelai dès les premiers jours où je siégeai dans l'enceinte, ce *crater* qui a vomi toutes les laves brûlantes de l'ignorance et du crime, avoit deux sommets également odieux à tout ami de la patrie et de la liberté publique.

Pour moi, qui n'ai suivi ni les drapeaux de Marius ni ceux de Sylla, également opposé à ces chefs qui ont constamment travaillé pour leur élévation, et jamais pour la République, c'est comme républicain que j'ai détesté leurs principes démagogiques.

Je n'examinerai point si les mains de Fabre-d'Eglantines furent souillées de dilapidations; je sais qu'il fut un promoteur d'assassinats, et je l'en accuse devant la postérité.

Comme poëte, il avoit du talent. Le *Philinte de Molière* est une excellente comédie. Il est à remarquer que Rousin faisoit aussi des pièces de théâtre, mais mauvaises; que Dubuisson fut un poëte dramatique très-obscur; que Grammont étoit comédien; que Collot-d'Herbois, comédien, étoit auteur aussi dramatique, qu'il avoit même fait une pièce en l'honneur du *portrait de Monsieur*. Plusieurs comédiens, ce qui est à remarquer, furent les fauteurs déterminés de cette hideuse anarchie qui a inondé notre pays de sang, qui a transformé les Français en instrumens de forfaits ou en lâches spectateurs des plus affreuses atrocités.

Chapitre CII.

Mode.

Dans l'ancien régime c'étoit la mode régnante en France qui étendoit son empire sur toutes les nations de l'Europe. Aujourd'hui que nos femmes portent des cocardes parmi les pompons, et que sur les pots à rouge, on lit: *Végétal national;* au lieu de *la mode,* nous disons *le mode.* Un *mode* de gouvernement: fixer un *mode* pour la perception d'un impôt. *Mode* alors signifie *systême, méthode.*

CHAPITRE CIII.

Dénonciation.

Elle fut un métier pendant la révolution, elle fut autorisée par la loi des Jacobins, elle fut plus horrible peut-être que le meurtre; elle tua le caractère national, du moins dans les villes; elle engendra les haines, les perfidies, les ressentimens, les jalousies; et les liens des familles furent dissous pour long-tems.

On trouva une foule de dénonciateurs, parce qu'on apprit aux fripons un bien terrible secret, je veux dire l'art de gagner de l'argent ou la propriété d'autrui en faisant un mensonge ou en produisant un faux rapport.

Le dénonciateur, fût-il impartial, voit tous les hommes sous un faux jour lorsqu'il attend une récompense pour les voir criminels. Ainsi un Familier du saint Office accuse comme sacrilége celui qui laisse tomber son chapelet. L'espion des Jacobins n'étoit pas moins atroce dans ses accusations.

L'assemblée des Jacobins étoit un enfer sur la terre ; il renfermoit des femmes de populaciers ; c'étoit autant de furies qui, semblables à des serpens, siffloient au lieu de parler, et ne parloient que pour faire avec leurs langues à dard des blessures mortelles.

Quel agent stimuloit donc si puissamment le patriotisme de ces dénonciateurs ? Un assignat de cent sols !

Quel mal n'a pas produit cette exécrable engeance pour gagner cent sols par jour ! ces affreuses mégères ont renoncé aux plus doux sentimens de la nature.

Ce sont elles qui donnant le signal à toute la populacerie, et menaçant les autres de la colère des populâtres, ont établi la permanence des échafauds. Ce sont elles qui ont applaudi aux massacres journaliers, et qui affectoient de se mirer dans les ruisseaux de sang humain coagulé. Elles recevoient deux cents francs par dénonciation ; elles s'eni-vroient dans les tribunes, tandis que d'autres plus huppées ' venoient sur-prendre vos secrets, imprimoient vos lettres de confiance, se rendoient chez Ro-bespierre, et méloient le fiel de leurs caractères au fiel du plus atroce des hommes.

C'étoit chez les Amar, chez les Fou-quier-Tinville, chez les Robert-Lindet qu'elles faisoient leurs plus chères visites.

Chapitre CIV.

Fille.

Avoir une *fille*, signifie dans les dictionnaires de toutes les nations, être père d'un enfant du sexe féminin : avoir une *femme*, signifie avoir épousé un individu du même sexe.

En France ces mots *fille* et *femme* n'ont pas la même signification dans le dictionnaire de la galanterie : j'en citerois mille exemples ; un seul suffit.

On accusoit un jeune homme d'aimer les *filles* avec fureur : il y avoit-là plusieurs femmes avec qui cela pouvoit le brouiller. Un de ses amis qui étoit présent, répondit : „Exagération ! méchanceté ! il *a* aussi des *femmes.*"

CHAPITRE CV.

Tappe - durs.

On appela ainsi une compagnie de coupe-jarrets armés de bâtons noueux auxquels ils donnoient avec un ton dérisoire le nom de *constitution*. Leur point de réunion étoit dans un Café près le théâtre Italien, tenu par le nommé *Chrétien*, juré au tribunal révolutionnaire. Ils parcouroient sans cesse le palais royal, insultant les passans et arrêtant ceux qui ne vouloient pas endurer leurs vexations. Janissaires du comité de sureté générale, lorsque ce comité avoit besoin de quelques mouvemens, de quelques troubles pour servir de prétexte à des mesures atroces, dites *acerbes;* c'étoient les *Tappe-durs* qui étoient chargés du soin de les faire naître.

Ils marchoient tête levée, la menace à la bouche avec des physionomies d'assassins; ils ne vantoient que les membres les plus exagérés de la société jacobite, désignoient tous les autres à l'échafaud. C'étoit une douleur pour l'homme juste que de voir passer ces misérables qui alloient par bandes. On baissoit les yeux devant leurs regards farouches; ils ne parloient que d'arrestation et de faire périr les *suspects.*

L'insolence de ces scélérats marquoit le complément de l'extravagance et de la barbarie des hommes. C'étoit en les voyant et en les écoutant que l'on ajoutoit foi au système d'extermination, tant leurs paroles étoient infernales; et fabricateurs de tant de forfaits, ils se disoient les patriotes par excellence, les amis de la liberté et de la justice, les véritables fondateurs de la République.

Quelle République, bon Dieu! que celle qui assise sur des cadavres, des tombeaux et des débris, ne devoit avoir pour chefs et pour sujets que des athées, des voleurs et des assassins!

Un pareil régiment sembleroit incroyable à ceux qui éloignés des événemens, sont disposés à croire que l'on charge le tableau. Non, il ne l'est pas; mais il est doux de retracer la mémoire de ces faits horribles, lorsqu'un gouvernement légal est assis sur ses bases, et que par sa force et son autorité, l'humanité et la raison semblent être rentrées enfin dans leurs droits.

Lors de la réaction de Prairial, le royalisme qui se mit en pantalons et en sabots, prit à sa solde ces *Tappe-durs:* on les vit changer de langage, mais non de férocité.

Chapitre CVI.

Sanguinocrate.

Il fut un tems auquel les réclamations des droits de l'homme et la voix plaintive de la nature ne trouvoient plus de cœurs sensibles, et n'étoient entendues que pour provoquer la haîne et le courroux des *Sanguinocrates* qui s'étoient emparés du gouvernement.

Chapitre CVII.

Faux assignats.

Nos ennemis ont voulu faire la contre-révolution par les faux assignats, du côté de la Suisse et du Mont-blanc, les Suisses s'y prêtoient merveilleusement; on en introduisoit par millions; on les jetoit même par paquets dans les auberges; et dans quelques endroits on refusoit les bons en payement de peur d'en recevoir de mauvais: la plus grande partie nous vint de Londres.

On ne s'imagine pas combien il y a eu d'esprit et de talent dépensés pour ces manœuvres perfides : un libraire de *Monsieur,* nommé *Guillot,* fut le premier fabricateur de faux assignats qui ait été puni. De fortes raisons m'ont toujours fait croire qu'il étoit d'intelligence avec des personnages de la plus haute volée.

Des fabricateurs de faux assignats et des voleurs se rencontrent dans la même prison; mais on ne sait pas que les premiers mettent une ligne de démarcation entre eux et ces derniers, et font bande à part. Ce sont ordinairement de jeunes libertins qui s'associent des graveurs. L'un porte les faux assignats, et l'autre n'en est chargé que d'un seul, afin que s'il est attrapé en le passant, la loi ne puisse jamais le frapper : lorsqu'il a réussi, son camarade lui en remet un autre, ainsi de suite.

Le crime de faux est devenu commun, et s'est multiplié dans tous les genres : on a altéré toutes les écritures publiques, et jusqu'aux billets de la loterie nationale. Les tribunaux criminels et civils ne retentissent que de cette espèce de délit. L'esprit s'épuise en escroqueries plus ou moins audacieuses ; l'intrigue

III.   P

depuis sept années a joué par-tout le premier rôle, et a tendu ses filets de toutes parts.

Les maisons particulières sont des espèces de forteresses, où malgré la police, et tous les mouvemens qu'elle se donne, viennent expirer à la porte. Les intrigans, les faussaires, les filous, les escrocs, les joueurs, les accapareurs, les filles publiques, en un mot tout ce qu'il y a de plus nuisible à la société, se trouve rassemblé dans des coins obscurs, dans des mansardes, dans des greniers.

Tout cela fond à point nommé sur le sol du Palais-Égalité, et remonte dans son quatrième étage, après avoir exercé toute la journée son brigandage industriel. Tous ces rats dévorateurs se prêtent mutuellement leurs cases : l'on ne se doute pas des choses extraordinaires qui s'y passent ; cependant elles existent : comme chacun vit chez soi, dans cette immense cité, l'un ignore ce que fait l'autre derrière le pan de sa muraille.

La profession d'intrigant et d'escroc est tellement répandue, qu'elle forme une classe nombreuse qui a ses rapports, ses coutumes et ses usages. Si vous n'êtes pas du secret vous serez trompé en tout et sur tout; et je plains l'étranger qui débarque, il ne voit rien de ce qui est sous ses yeux; il entrera au Café de de Valois et de Foi, au Café de Chartres et de la Rotonde, et il ne reconnoîtra ni la physionomie d'un capitaliste, ni celle d'un fripon.

Au reste Danton, député de Paris à la Convention nationale, Danton chargé de décrets de prise de corps, et de dettes, rejeté du sein des avocats au conseil, s'étoit fait tripoteur d'affaires, et avoit donné le signal en grand à tous les tripoteurs d'agir largement et sans timidité, ou sans crainte servile; il leur avoit déjà ménagé l'abolition de la prise de corps. Ce fut un jour de triomphe pour tout le parti: à compter de ce jour, Danton fut regardé comme un homme à vastes conceptions; il fut dit même que pour l'éloquence il feroit le second tôme de Mirabeau. ... *Quaeque ipse miserrimu vidi!*

La bouffissure a toujours été le stile des fripons: et n'y avoit-il pas de quòi rire et pleurer tout à la fois, lorsqu'une multitude aveugle, trompée sur leur scélératesse, leur attribuoit un entendement profond?

Les faux assignats n'ont presque fait aucun tort à la nation, vu leur petit nombre, en comparaison de la quantité immense que le comité des finances en fit fabriquer, et la vitesse inconcevable avec laquelle il prévenoit encore toute autre fabrication.

Chapitre CVIII.

Théophage.

C'est le nom qu'on donne aujourd'hui à ceux qui couverts d'une nappe jusqu'au menton, et à genoux devant un prêtre, reçoivent de ses deux doigts bénis, dans la bouche, une petite feuille de pâte dont on cachette les lettres.

CHAPITRE CIX.

Prêtre-Romain.

Je rencontrai hier près des Tuileries, un prêtre de mes amis ; il étoit en uniforme national : voici mot pour mot notre conversation.

Le Prêtre. Je monte ma garde aujourd'hui (*en montrant sa giberne*). Mais tu ne devinerois pas ce que j'ai là-dedans.

Moi. Ce sont apparemment des cartouches.

Le Prêtre. C'est quelque chose de mieux que cela.

Moi. Ma foi, je ne conçois rien au-dessus des cartouches dans ce moment-ci.

Le Prêtre. Ce que j'ai-là est de tous les tems.

Moi. Est-ce quelque chose qui tue?

Le Prêtre. Au contraire, c'est quelque chose qui donne la vie: c'est le principe de toutes choses.

Moi. Le principe de toutes choses dans ta giberne!.. C'est un peu fort.

Le Prêtre. C'est la vérité.

Moi. Est-ce ta vérité de prêtre, ou ta vérité de soldat?

Le Prêtre. J'avoue que ..... c'est un peu ma vérité de prêtre.

Moi. En ce cas, explique-toi plus clairement. Voyons quel mystère renferme ta giberne.

Le Prêtre. Mon ami, c'est en effet un grand mystère.... C'est le *bon Dieu*.

Moi. Le *bon Dieu!*

Le Prêtre. Oui, le *bon Dieu*. Je vais te conter ça. J'étois au corps-de-garde : on est venu me requérir de le porter à un des fidèles qui se dispose à faire le grand voyage; et pour me conformer à un arrêté très-sage, je remplis ma fonction de prêtre en habit de citoyen; attendu que pour cette mission particulière, il faut que je ne porte aucun vêtement sacerdotal. J'avoue aussi qu'il est plus commode et plus décent d'être vêtu en citoyen - soldat, que d'aller en habit de masque funèbre, épouvanter un homme à ses derniers momens, et faire agenouiller les petits enfans dans la rue.

Moi. Mon ami, ton langage se ressent déjà de ton habit. Je te pardonne d'être prêtre. Adieu.

Chapitre CX.

Huaille.

Populace hurlante. Les chapeaux,.... je me trompe,... les *bonnets rouges* sont levés. Les mots *carnage, sang, mort, vengeance,* cet a b c de l'i-diôme jacobite est répété, crié, hurlé de proche en proche par la .... *Huaille.*

La *Huaille* a régné pendant près de quinze mois, a despotisé la ville: car despotiser, cela veut dire, en petit comme en grand, dans une famille comme dans un royaume, vouloir être le maître tout seul, quand on le peut; et quand on ne le peut pas, s'associer

des despotes subalternes qui à leur
tour exercent une puissance arbitraire,
pour faire redouter celui qui la leur a
donnée.

Chapitre CXI.

Ordres sacrés.

C'est le nom qu'on donnoit jadis à certains grades ecclésiastiques, comme *la tonsure*, *le sous-diaconat*, *le diaconat*, *la prêtrise*, que les évèques accordoient, entourés d'une pompe religieuse, à tous ceux qui pour ne manquer de rien, renonçoient à tout, en s'incorporant dans l'église.

On demandoit à un prélat si depuis la révolution, il continueroit de sacrer les ecclésiastiques, suivant les nouveaux décrets. — *Non, certes.... Mes principes!..... mon devoir!..... ma conscience!....*

— *Hé bien, Monseigneur, on saisira votre pension.*

— *On saisira ma pension!... Cela est un peu fort!...*

Un vieux domestique assistoit à ce dialogue. Monseigneur, comme c'est l'usage, lui devoit plusieurs années de ses gages....

— *Quoi! vraiment, Monsieur, on saisiroit la pension de Monseigneur?... et mes gages?...*

— *Vos gages? ils iront avec la pension.*

— *Sacre - Dieu! Il sacrera. Vous sacrerez, Monseigneur, vous sacrerez!*

Chapitre CXII.

Farce intitulée:
Le Jugement dernier des rois.

Pièce d'un genre original: elle fut jouée avec le plus grand succès sur le théâtre de la Cité. On y vit tous les monarques de l'Europe et dans leurs costumes, amuser les spectateurs avec leurs sceptres et leurs couronnes; ils se disputoient, ils se battoient: un républicain venoit, qui les mettoit tous à la raison. Après les avoir muselés, il les faisoit danser comme des ours. On eût dit que l'auteur avoit voulu parodier ce vers heureux du *Méchant*.

Les rois sont ici-bas pour nos menus plaisirs.

La pièce offroit des traits piquans, et fut très-suivie; mais il y avoit si peu de distance de tems entre les profonds respects et les éclats de l'allégresse populacière, qu'on auroit pu se dire: „Si l'Exempt de police alloit entrer! ces gens-là vont aller à la Bastille!"

Plusieurs drames à peu près de ce genre amusèrent le Parisien. Mais les événemens devinrent à la fois si terribles et si singuliers, que la fiction théâtrale étoit loin d'atteindre le fait historique.

Chapitre CXIII.

Citoyen actif.

D'après un décret de l'Assemblée nationale, il falloit être *citoyen actif*, c'est-
à-dire, posséder une propriété, pour
avoir droit de voter dans les Assemblées
primaires; de sorte que *Socrate*, *Cor-
neille*, *Jean-Jacques Rousseau*, s'ils eussent vécu parmi nous en auroient été
exclus.

On voit qu'alors l'adjectif tuoit le
substantif. Ah! les vrais citoyens *actifs*
sont ceux qui ont pris la Bastille, sont
ceux qui ont pris les Tuileries, pour
mettre fin aux indignités d'un régime
despotique.

Chapitre CXIV.

Le petit Caton.

Lors de l'apparition du nouveau calendrier, et même auparavant, c'étoit à qui prendroit pour prénoms des noms romains. Pour Couthon, il dérogea en prenant un nom grec, et se fit appeler *Aristide Couthon*. Tout ce qui étoit au haut ou au bas de la montagne, s'affubla des noms des grands hommes de l'antiquité; et cela m'impatienta tellement un jour, qu'à raison de quelques nouvelles sottises de leur crû, je leur criai de toutes mes forces: *Non, vous n'êtes pas des romains !* La sonnette furieuse de Collot - d'Herbois s'agitoit sur ma tête et étouffa quelques autres vérités qui les faisoient bondir comme des cabris. J'avoue que je m'amusai infiniment ce jour-là, lorsque j'eus le plaisir de dire à Robespierre écumant et pâlissant : *„Tais-toi, et écoute-moi une seule fois, car tu es l'ignorance personnifiée; avez-vous fait un pacte avec la victoire?"* — *„Non! nous l'avons fait avec la mort!"* — — *„Il y paroît à tout ce que vous faites etc."*

La grande renommée de ces Catons et de ces Brutus, ayant fini à peu près comme celle de Gracchus-Babœuf, on ne se souvient plus aujourd'hui de cette manie un peu folle que pour citer l'historiette suivante.

„Un enfant prénommé Caton, que le père lui avoit fait ensuite connoître, en lui lisant quelques pages de l'histoire romaine, étoit entré furtivement dans le cabinet de sa mère, où dans la joie de son cœur il se hâtoit de piller une corbeille de dragées. Son père entre, le surprend, et lui dit d'un ton froid: *Caton n'eût pas fait cela.* L'enfant honteux, vide sa poche, restitue et se jette aux genoux de son père qui lui dit: *Caton après avoir fait une friponnerie ne se seroit pas mis dans le cas de la réparer par une posture humiliante; levez-vous.*"

La leçon étoit bonne, et je ne doute point que l'enfant, pour peu qu'il soit au-dessus du médiocre, ne se croie toujours environné de l'ombre de Caton.

CHAPITRE CXV.

Patriote de 89.

C'est celui qui dès cette époque embrassa la révolution, sans ambition personnelle, par amour pour sa patrie, par haine pour le despotisme et l'oppression;

qui a fait consister l'énergie du patriotisme dans les choses et non dans les mots; qui dans les crises de la révolution, n'a pas cessé d'aimer la liberté, l'égalité, fondées sur la justice qui en est la règle; qui entraîné, avec l'universalité de la France par le torrent révolutionnaire, n'en a ni provoqué, ni ordonné, ni protégé les crimes dévastateurs; qui, s'il est tombé dans des erreurs malheureusement inséparables de l'humanité, a travaillé franchement à les réparer, dès qu'on les lui a fait reconnoître; qui est resté constamment soumis aux lois et dont la bouche et les mains se sont conservées dans tous les tems, pures de fausses dénonciations, de vengeance, de sang et de rapines.

CHAPITRE CXVI.

Lettre de Rousseau.

Elle est singulière, elle est prophétique. Je veux la faire lire à tous les habitans de Paris qui portent encore dans l'ame la rouille de l'ancien régime; car n'est-il pas singulier que le même homme m'appelle *Monsieur* dans une lettre, et *Citoyen* dans la société? Si cela continue nous aurons deux langues, l'une pour la rue, l'autre pour la maison. C'est avec la plus grande peine que le nom de *Citoyen* s'établit; et comment ce nom honorable n'est-il pas préférable au mot *Monsieur?*

Rousseau étant en Suisse, écrivoit à son ami Dupeyrou: „J'eus un surnom

„que je crois mériter mieux que jamais :
„à Paris on m'appeloit le *Citoyen;*
„rendez-moi ce titre qui m'est si cher;
„faites même en sorte qu'il se propage,
„et que tous ceux qui m'aiment ne
„m'appellent jamais *Monsieur;* mais en
„parlant de moi, *le Citoyen* et en m'é-
„crivant, *mon cher Citoyen.*"

Nous pensons qu'il faudra encore plusieurs années pour rendre le nom de Citoyen d'un usage absolu et universel; mais cela viendra.

CHAPITRE CXVII.

Contre - révolution.

Mot nouveau qui a paru immédiatement après celui de *révolution.* Il signifie le *coup de main* qui, s'il étoit possible , feroit renaître des cendres du dernier de nos tyrans, un phénix qu'on appeleroit *le roi*. Or, un phénix..... lecteur, vous me prévenez !

CHAPITRE CXVIII.

J.-J. Rousseau aux Tuileries.

Il n'est pas un cœur sensible qui ne se rappelle avec délices cette belle soirée d'automne où les habitans d'Erménonville amenèrent à Paris le cercueil de l'auteur d'Emile, sous un berceau d'arbustes et de fleurs.

L'air étoit calme; le ciel pur : un long rideau de pourpre voiloit à l'horizon les rayons du soleil couchant. Un vent frais agitoit doucement les dernières feuilles.

Bientôt les sons d'une musique simple et naïve se font entendre au loin. Une foule de citoyens se précipite au-devant du cortége. Tous les cœurs palpitoient de joie.

Le char funèbre entroit avec une majestueuse lenteur. Une jeunesse nombreuse le suivoit dans un respectueux silence.

Les symphonistes laissoient entre chaque air un court intervalle, afin qu'on pût le recueillir et le chanter en soi-même.

C'étoient les airs chéris de *l'Homme de la Nature*, ceux que répètent chaque jour l'amant à son amante, la tendre épouse à son heureux époux.

On eût dit que les anges descendus sur la terre venoient pour l'enlever au ciel au milieu de leurs ravissans concerts.

La pompe arriva au bassin qui représentoit l'Isle des peupliers. Il reçut les larmes des spectateurs rangés tout autour, celles plus abondantes encore des femmes qui pensoient à Julie, à Sophie, à Warens si tendrement, si constamment aimée de son fils adoptif.

Le cercueil fut déposé sur une estrade, et recouvert d'un drap bleu parsemé d'étoiles.

Tous les yeux s'y fixoient. La gloire du grand homme perçoit les ténèbres de la mort, et sembloit le montrer tout vivant.

Mille flambeaux éclairoient cette touchante cérémonie. Les pleurs embellissoient tous les visages. Ils offroient l'image, non de la douleur inconsolable de la perte d'un ami, mais de la tranquille espérance qui le voit revenir.

On termina les obsèques par l'air: *Dans ma cabane obscure;* et chacun en se retirant le chantoit encore avec attendrissement.